Gott und die Seele

Gebete und Betrachtungen
von John Henry Kardinal Newman

Myself
and my creator
Newman

fe

Nach einer Übersetzung von Maria Knöpfler (1881–1927).

4. Auflage 2026

www.fe-medien.de
Gestaltung: Renate Geisler
Druck: mcp-druk
ISBN: 978-3-939684-95-4
Printed in EU

Gott und die Seele

Gebete und Betrachtungen
von John Henry Kardinal Newman

Myself
and my creator
Newman

John Henry Newman wurde am 19. September 2010 von Papst Benedikt XVI. in Birmingham seliggesprochen.

Inhalt

Kurze Besuchung des Allerheiligsten Sakramentes vor der Betrachtung

Ich versetze mich in die Gegenwart Gottes, in dessen sichtbarer Gegenwart ich bin, bevor ich mich hineinversetze.

Ich bete Dich an, mein Erlöser, gegenwärtig als Gott und Mensch, mit Seele und Leib, mit Deinem wahren Fleische und Blute. Ich knie nieder vor dieser geheiligten Menschheit, die empfangen wurde im Schoße der Jungfrau und in ihrem Arme geruht, die sich zum Mannesalter entwickelt und am Galiläischen Meere die Zwölfe berufen hat; die Wunder gewirkt und Worte der Weisheit und des Friedens verkündigt hat; und als die Zeit erfüllt war, starb sie am Kreuze erhöht, ließ sich ins Grab betten, stand wieder auf von den Toten und herrscht nun ewig in den Himmeln.

Ich lobe und preise diese geheiligte Menschheit und gebe mich ganz Dem hin, der das Brot meiner Seele und meine ewige Wonne ist.

Sonntag: O Weisheit, die Du aus dem Munde des Allerhöchsten hervorgegangen bist und herrschest von einem Ende der Erde bis zum andern, stark und mild zugleich alles ordnend und leitend: Komme und lehre uns Deine Wege (Sir 24,5; Weish 8,1)!

Montag: O Herr und Führer des Hauses Israel, der Du dem Moses im brennenden Dornbusche (dem Sinnbild der Jungfräulichkeit) erschienen bist und ihm auf Sinai Dein Gesetz gegeben hast: Komm uns zu erlösen in Deinem ausgestreckten Arme!

Dienstag: O Stamm Jesse, der Du aufragst als Zeichen der Völker, vor dem die Könige sich beugen und zu dem die Nationen ihre Zuflucht nehmen: Komme und befreie uns und zögere nicht!

Mittwoch: O Schlüssel Davids und Zepter Israels, das öffnet und niemand schließt, das schließt und niemand öffnet: Komme und führe heraus den Gefangenen aus dem Hause des Kerkers, der da sitzt in dunklem Todesschatten (Jes 42,7; 22,9,2)!

Donnerstag: O Aufgang, Abglanz des ewigen Lebens und Sonne der Gerechtigkeit: Komme und erleuchte die, welche in Finsternis und in den Schatten des Todes sitzen (Zach 3,8; Hebr 1,3; Mat 4,2; Js 9,2)!

Freitag: O König der Völker und Ersehnter der Nationen, Eckstein, der den ganzen Bau des Hauses Israel trägt: Komme und rette den Menschen, den Deine Hand aus dem Staub geformt hat (Apg 2,8; Eph 2,20)!

Samstag: O Immanuel, König und Gesetzesbringer, Heil und Sehnsucht der Völker: Komm und erlöse uns, Herr, unser Gott (Jes 33,22)!

Die Antiphone sind dem Brevier der letzten Adventswoche entnommen.

I. Gott, der Schöpfer

1

Gott hat alle Dinge gut und zum Guten, ein jedes zu seinem eigenen Besten erschaffen. Das Gut des Einen ist längst nicht das Gut des Andern; was den Einen glücklich macht, macht den Andern unglücklich; Gott hat bestimmt, dass ich mein wahres Gut erreiche, wenn ich seinen Plan nicht schuldbar störe. Er sieht mich in meiner Besonderheit, ruft mich mit meinem Namen; er kennt das Maß meiner Kräfte und weiß, welche Stufe der Vollkommenheit ich erreichen kann; er sieht mein wahres Glück vor sich und ist bereit, es mir zu geben.

Gott weiß, was mein wahres Glück ist; ich aber kenne es nicht. Es gibt keine allgemeine Regel, was gut und glücklich sei. Was dem Einen gefällt, gefällt nicht dem Anderen. So sind auch die Wege, die zur Vollkommenheit führen, sehr verschieden und die Heilmittel für die einzelnen Seelen durchaus gesondert. Darum führt uns Gott stets eigene Wege. Wir wissen, dass er unser wahres Glück will, aber wir kennen es nicht, wie auch den Weg nicht, es zu erreichen. Wir sind blind; uns selbst überlassen, würden wir den Weg verfehlen. Darum müssen wir uns ganz seiner Führung überlassen.

In seiner Hand dürfen wir auch nicht erschrecken und verzagen, wenn er uns fremde Wege führt, eine via mirabilis, wie die Kirche sagt. Er wird uns sicher führen, er wird uns leiten zu dem, was in Wahrheit unser Bestes ist, nicht, wie wir es uns denken, und auch nicht, wie es für andere passen würde, sondern wie es unserer Eigenart entspricht.

Gebet

O mein Gott, ich will mich ganz ohne Rückhalt Deiner Hand überlassen; Reichtum oder Armut, Freude oder Trauer, Freundschaft oder Vereinsamung, Ehre oder Verdemütigung, Ruhm oder Missachtung, Annehmlichkeit oder Mühsal, Deine Gegenwart oder Deine Verborgenheit – alles ist gut, wenn es von Dir kommt. Du bist die Weisheit und die Liebe. Was kann ich mehr verlangen? Du hast mich geführt nach Deinen Ratschlüssen und mit Glorie hast Du mich aufgenommen. Was gibt es für mich im Himmel außer Dir, was kann ich auf der Erde wünschen außer Dir? Mein Fleisch wird alt und meine Schwungkraft erlahmt; aber Du bist der Gott meines Herzens und mein Anteil auf ewig. (Geschrieben 6. März 1848)

2

Gott war ganz vollkommen und selig in sich selber; aber dennoch wollte er eine Welt zu seiner Verherrlichung ins Dasein rufen. Er ist allmächtig und hätte alle Dinge selbst machen können, aber es war sein Wille, seine Pläne mittels der Wesen zu verwirklichen, die er geschaffen hat. Unser Zweck ist seine Verherrlichung, die Erfüllung seiner Ratschlüsse. Ich bin erschaffen, um zu sein und zu tun, was nur mir bestimmt ist; ich habe einen Platz in den Absichten und in der Welt Gottes, den kein anderer einnimmt. Mag ich arm oder reich, geschätzt oder verachtet vor den Menschen sein, Gott kennt mich und ruft mich bei meinem Namen.

Er hat mich erschaffen, um Ihm einen ganz bestimmten Dienst zu erweisen; Er hat mir irgendein Werk anvertraut, dass Er keinem anderen übertragen hat. Ich habe meine Mission – hienieden mag ich sie vielleicht nicht erkennen, im anderen Leben aber wird sie mir offenbar werden. In irgendeiner Weise braucht Er mich zur Ausführung seiner Pläne, ebenso wie jeder Erzengel seinen bestimmten Platz im Weltenplane hat; nur darf ich nicht fehlen, sonst ruft Er einen andern, denn Er kann auch aus Steinen Abrahams Kinder erwecken. Ich habe also Teil an dem großen Gotteswerke, ich bin ein Ring in der Kette, ein Faden in dem Band, das Menschen miteinander verbindet. Gott hat mich nicht umsonst erschaffen. Ich werde sein Werk erfüllen, so gut ich kann; ich werde ein Engel des Friedens, ein Prediger der Wahrheit sein in meinem Wirkungskreise, auch ohne es zu beabsichtigen, wenn ich nur Seine Gebote halte und meiner Berufung gemäß Ihm diene.

Darum will ich Ihm ganz vertrauen, was immer aus mir werden, wohin mein Weg mich führen mag; mein Leben kann nie umsonst gelebt sein. Wenn ich krank bin, mag meine Krankheit Ihm dienen, wenn ich niedergeschlagen bin, soll mein Leid Ihm huldigen; wenn ich in Not bin, so mag die Not mich Ihm näherbringen. Krankheit, Betrübnis und Elend können notwendige Mittel eines großen Zweckes sein, der weit über unseren Gesichtskreis hinausragt. Er tut nichts umsonst; mag Er mein Leben verlängern oder verkürzen: Er weiß, was gut ist. Er mag mir die Freunde nehmen und mich in die Fremde senden, Er mag mir den Becher der Trübsal und der Niedergeschlagenheit des Geistes reichen oder mir die Zukunft verdecken: Er weiß stets, was gut ist.

O Adonai, der Du Israel leitest und auch Joseph geführt hast, o Emmanuel, o unerforschliche Weisheit, Dir gebe ich mich ganz hin, Dir vertraue ich mich mit Leib und Seele. Du bist weiser als ich; Du liebst mich mehr als ich selber. Erfülle in mir Deine Absichten, welche auch immer es seien; handele in mir und durch mich, wie es dir gefällt. Ich bin geboren zu Deinem Dienste, um Dir und nur Dir zu gehören und Dein Werkzeug zu sein. Lass mich Dein blindes Werkzeug sein! Ich verlange nicht zu sehen, ich wünsche, nicht zu wissen, ich bitte nur gebraucht zu werden nach Deiner unendlichen Barmherzigkeit. (7. März 1848)

3

Welcher menschliche Geist kann sich ein Bild machen von der Liebe, die der ewige Vater seinem einzigen Sohn entgegenbringt? Diese Liebe ist ewig und unendlich; sie ist so groß, dass die Theologen dem Heiligen Geist den Namen dieser Liebe geben, um damit ihre Unendlichkeit und Vollkommenheit auszudrücken. Betrachte darum, meine Seele, und verneige dich tief vor diesem furchtbaren Geheimnisse; denn wie der Vater seinen Sohn liebt, so liebt der Sohn dich selbst, wenn du zu seinen Auserwählten gehörst. Er sagt ausdrücklich: „Wie mich der Vater geliebt hat, so liebe ich euch; bleibet also in meiner Liebe." Welches Geheimnis in dem ganzen Kreis der geoffenbarten Wahrheiten ist größer als dieses?

Die Liebe, mit der der Sohn dich, den Erschaffenen, umfängt, ist ähnlich der Liebe des Vaters zu seinem unerschaffenen Sohne. O wunderbares Geheimnis! Du allein erklärst das Unerklärliche, dass er mein Fleisch angenommen hat und für mich gestorben ist. Das erste Geheimnis geht dem zweiten voraus, aber es vollendet sich auch erst im zweiten. Wenn er mich nicht mit einer unaussprechlichen Liebe geliebt hätte, hätte er nicht für mich gelitten. Jetzt verstehe ich, warum er für mich in den Tod gegangen ist: Er liebt mich, wie ein Vater seinen Sohn liebt, nicht nur wie menschliche Väter lieben, sondern wie der ewige Vater seinen ewigen Sohn liebt. Jetzt verstehe ich den Sinn der unfassbaren, abgrundtiefen Erniedrigung. Er wollte mich lieber erlösen, als neue Welten schaffen.

Wie beständig ist er in seiner Liebe! Er hat uns geliebt seit den Tagen Abrahams. Von Anbeginn hat er gesprochen: Ich werde dich nie aufgeben oder verlassen. Er hat uns auch nicht in unseren Sünden verstoßen, auch mich nicht; er hat mich immer wieder gefunden und mit seinem Blute erkauft. Er war dazu entschlossen und hatte mir schon einen Platz angewiesen in seinem geheiligten Reiche, obwohl ich mich so hartnäckig widersetzte. Und was will er jetzt von mir, nachdem er mich mit ewiger Liebe geliebt hat? Nichts anderes, als dass ich ihn wieder liebe nach dem armseligen Maß, das ein Geschöpf seinem Schöpfer entgegenbringen kann.

O Geheimnis aller Geheimnisse! So unaussprechlich die Liebe des Vaters zu dem Sohne, so unfassbar ist auch die Liebe des Sohnes zu uns Menschen! Warum das, o mein Herr? Was hast Du Gutes an mir armen Sünder gefunden? Warum hast Du mich mit dem langen, tiefen Blick der Liebe angeschaut? „Was ist der Mensch, dass Du Dich seiner erinnerst, was der Erdensohn, dass

Du ihn heimsuchst!" Du hast Deine unbegreifliche Liebe auf dieses arme Fleisch und auf meine schwache, schuldige Seele gewandt, die ihr Leben nur von Deiner Gnade haben. Erfülle Dein Werk an mir, o Herr, und wie Du mich von Anbeginn geliebt hast, so lass mich Dich auch wiederlieben bis ans Ende!

II. Gott, der Erlöser

1. Das Seelenleiden unseres Herrn

Als Jesus seine großen Reden (Mt 26,1) beendet hatte, sagte er zu seinen Jüngern: „Der Menschensohn wird nunmehr zur Kreuzigung ausgeliefert werden." Wie ein Heer sich in Schlachtreihe aufstellt, wie die Seeleute das Schiff klar zum Gefecht machen, wie der Sterbende sein Testament anfertigt und sich dann zu Gott wendet, so fasst auch unser Herr, in der Predigt nicht müde werdend, seine Lehre noch einmal zusammen, um dann sein Leiden zu beginnen. Mit freiem Entschluss nahm er die Schranke, die den Satan bisher von ihm ferngehalten hatte, hinweg und öffnete der furchtbaren Bedrängnis die Türe seines menschlichen Herzens, wie ein Soldat, der zum Tode verurteilt ist, selbst das Zeichen zum Feuer gibt.

Und alsbald kam der Satan, um sich seiner kurzen Stunde zu bemächtigen.

Ein böser Geist des Murrens und Kritisierens hatte sich unter seinen Jüngern verbreitet. Von einem war er ausgegangen, und es schien, dass auch die übrigen angesteckt wurden. Jesus hatte den ganzen Verlauf seines Todes bis zur Grabesruhe vor Augen, und freiwillig hielt er seine Gedanken dabei fest. Da kam eine Frau und salbte sein geheiligtes Haupt mit duftendem Öl; dieser Beweis der Liebe, der das ganze Haus erfüllte, breitete auch über seine reine Seele den süßen Schleier der Zärtlichkeit und der Treue bis in den Tod. Aber da ertönt die raue Stimme des Verräters, der nun zum ersten Male sein Inneres enthüllt, und bricht brutal die Weihe der geheiligten Stunde. „Ad quid perditio haec?" Wozu diese Verschwendung? spricht der ungetreue Verwalter, der seine geheimen Diebereien durch schmutzigen Geiz verdecken will und seinem Herrn die letzte Ehrung missgönnt. Die süße und stille Harmonie des Festes von Bethanien wird so durch die kreischende Stimme der Zwietracht unterbrochen. Misstrauen und Unzufriedenheit werden gesät und alles wird geändert. Der Satan naht.

Als Judas sein wahres Wesen entdeckt hatte, verlor er keine Zeit, um seine Niedertracht auszuüben. Er ging zu den Priestern und verständigte sich mit ihnen über den Preis, um seinen Meister auszuliefern. Der Herr sah alles, was in ihm vorging. Er sah, wie der Satan an der Türe seines Herzens anklopfte und wie ihm aufgetan wurde als einem bekannten, geschätzten und vertrauten Gaste; er sah, wie Judas zu den Priestern ging und mit ihnen verhandelte; ja, er hatte es die ganze Zeit hindurch gesehen, als er noch in seiner Gemeinschaft weilte, – schon im Augenblicke der Berufung. Es ist etwas anderes, Ereignisse nur dunkel in der Zukunft zu ahnen, etwas anderes, sie in unmittelbarer Nähe zu wissen. Unser Herr hat die ganze Grausamkeit schwarzen Undankes in seiner Seele erfahren wollen und sich ihm freiwillig ausgeliefert. Er hatte Judas als einen seiner vertrauten Freunde behandelt und ihm Zeichen inniger Teilnahme gegeben. Er hatte ihn zum Säckelmeister seiner eigenen Person und der Apostel gemacht, ihm Wunderkraft verliehen und ihn in die Geheimnisse des Himmelreiches eingeweiht; er hatte ihn zur Predigt ausgesandt und zu einem seiner besonderen Vertreter gemacht, sodass die Fehler des Dieners auf den Meister zurückfielen.

Als ein Heide den Dolchstoß des Freundes empfing, sagte er: „Auch du, mein Brutus!" Welch tiefe, innere Verlassenheit liegt in dem Gefühl des Undankes der Menschen und – der Freunde! Gott begegnet zwar jeden Tag unserer Undankbarkeit, aber in seiner göttlichen Natur kann er es nicht schmerzlich empfinden. Darum hat er ein menschliches Herz angenommen, um die Undankbarkeit in ihrer ganzen Fülle zu empfinden. O mein Gott, fühlst Du nun auch, droben im

Himmel wohnend, meine Undankbarkeit gegen Dich? (18. August 1855.)

Ich sehe das Antlitz eines Menschen und kann nicht sagen, ob er jung oder alt ist. Er kann fünfzig oder auch nur dreißig Jahre haben. Einmal scheint er so, ein andermal anders. Es liegt etwas Unfassbares und Unaussprechliches in diesem Antlitz. Wenn es alle Lasten trägt, trägt es vielleicht auch die Züge des Alters. Aber es ist so: Sein Antlitz ist zugleich verehrungswürdig und erinnert an das eines Kindes, ruhevoll, zart, bescheiden, voll leuchtender Heiligkeit und lieblicher Güte. Diese Augen ziehen mich an und bewegen mein Herz, sein Atem ist süß und erhebt mich über mich selbst. O, ich möchte dieses Antlitz immer sehen und nicht aufhören, es anzuschauen!

Plötzlich sehe ich einen rohen Menschen herankommen, der mit brutaler Faust in das himmlische Antlitz schlägt. Es ist eine harte Hand, die Hand eines rohen Menschen, und vielleicht hatte er eine Waffe darin. Aber es überrascht den nicht, der alles kommen sieht; er bleibt ruhig und gefasst wie zuvor und zeigt keinerlei Erregung. Aber der Ausdruck seines Antlitzes ist verstört; es schwillt an und nach einiger Zeit ist all seine Anmut unter den Folgen des Schlages verschwunden, wie wenn eine Wolke sich darüber ausgebreitet hätte.

Wer war diese Hand, die sich gegen das heilige Antlitz Jesu erhob? Mein Gewissen sagt mir: „Dieser

Mensch warst du selbst." Ich hoffe zwar, dass ich es jetzt nicht bin; aber, meine Seele, betrachte die furchtbare Tat an sich. Stelle dir vor, wie Christus vor dir steht und du ihm mit der Hand in sein heiliges Antlitz schlägst! Du sagst: „Das ist unmöglich, das kann und werde ich nicht tun!" Doch, du hast es getan. Mit jeder freiwilligen Sünde hast du so gehandelt. Gegenwärtig kann Jesus zwar nicht mehr leiden; aber er hätte den Schmerz empfunden, wenn du es während der Tage seines irdischen Lebens getan hättest. In sich selbst ist die Tat die gleiche. Wende einmal deinen Blick zurück auf die Vergangenheit und erinnere dich der Zeit, des Tages und der Stunde, als du freiwillig eine schwere Sünde begingst, das Heilige zu Spott und Hohn machtest und Jesus, deinen Bruder, durch dunklen Hass beleidigt hast; als du Handlungen der Unreinheit begingst und der Stimme Gottes freiwillig Widerstand geleistet hast; durch diese und andere Sünden, die dir bekannt sind, hast du den Allheiligen ins Angesicht geschlagen.

O tiefgekränkter Meister, was soll ich sagen? Ich bin wahrhaft schuldig vor Dir, mein Bruder, und ich sinke in finstere Verzweiflung, wenn Du mich nicht erhebst. Ich kann Dich nicht anschauen; ich zittere vor Dir; ich bedecke meine Augen; mein Angesicht sucht die Erde. Satan reißt mich in die Tiefe, wenn Du nicht Mitleid mit mir hast. Es ist furchtbar, die Augen zu Dir gewendet dazustehen; aber Du wende sie und sie werden auf Dich geheftet bleiben. Es ist ein Fegfeuer, Deinen Blick auszuhalten, den Blick auf mich, der ich so sündig bin, Du aber bist der Heilige. Gleichwohl lass mich Dich immer wieder anschauen. Dich, den ich so unfassbar beleidigt habe. Dein Antlitz ist mein Leben, meine einzige Hoffnung. Mein Heil kommt nur von Deinem Anblick, wenn ich Dich anschaue, den meine Sünden verwundet haben. Ich stelle mich vor Dein Angesicht und schaue Dich an: Ich will den Blick aushalten, um in diesem Feuer geläutert zu werden.

O mein Gott, wie kann ich Dir ins Antlitz schauen, wenn ich an meine Undankbarkeit denke, die so tief in meinem Innern steckt, die mir zur Gewohnheit geworden ist und unabänderlich sich behauptet, ja sogar in erschreckender Weise wächst! Du überhäufst mich Tag für Tag mit Deiner Güte, Du selbst bist meine Nahrung, wie Du Dich einst Judas auch zur Speise gegeben hast, dennoch bringe ich keine Früchte, sondern bin doch immer wieder undankbar. Wie lange noch, Herr? Wann wirst Du mich befreien von dieser drückenden Knechtschaft, von diesem Verhängnis? Derjenige, der Judas zu seiner Beute gemacht, hat in meinen alten Tagen die Hand auch auf meine Schulter gelegt und ich weiß nicht, wie ich mich seiner Gewalt entziehen soll. Tag für Tag immer dieselbe Sache. Wann gibst Du mir eine noch größere Gnade, als ich sie bisher erhalten habe, die Gnade, Deine Wohltaten zu nützen und Früchte zu bringen? Wann gibst Du mir Deine wirksame Gnade, die allein meiner armen, dahinsterbenden Seele Kraft und ewiges Leben geben kann? Mein Herr, ich weiß nicht, wie der Schmerz über meine Sünden Dich in Deinem jetzigen Glorienstande erreichen kann, aber ich weiß, dass jede neue Sünde, jede neue Undankbarkeit, die ich jetzt begehe, unter die Schläge und Wunden gezählt wurden, die während Deines Leidens auf Dich niedersausten. O lass mich so wenig wie möglich Anteil haben an Deinen Schmerzen! Die Tage fließen dahin, und ich sehe, dass ich mit immer neuen Sünden die Ursache Deines Schmerzes gewesen bin. Selbst wenn ich ein Heiliger wäre, hätte ich meinen Anteil an der Verantwortung für Deine Passion; aber es ist schmerzlich zu sehen, wie dieser Anteil wächst und von Tag zu Tag größer wird. Wenn andere Dich verwunden, so lass mich Dich nicht mehr verletzen! Dulde nicht, dass ich Deine Schmerzen an Leib und Seele noch vermehre oder dass ich erkennen muss, Du hättest weniger leiden müssen, wenn ich durch meine Sünden Dich nicht dazu veranlasst hätte! O mein Gott, ich bin so tief verstrickt, dass ich mich nicht befreien kann; o Maria, bitte für mich! Heiliger Philipp, lass mich Deine Fürbitte erfahren, auch wenn ich ihrer nicht würdig bin. (10. März 1855).

2. Der Verzicht des Herrn auf menschliche Teilnahme und Liebe

Die Liebe (Sympathy) kann ein ewiges Gesetz genannt werden; es ist eigentlich nur ein Symbol, dessen Ursprung und ewige Wirklichkeit die unaussprechliche Liebe der drei göttlichen Personen untereinander ist. Gott, die unendliche Einheit, ist zugleich eine Dreiheit. Er ist von Ewigkeit her verbunden mit dem Sohne und dem Heiligen Geiste, er mit ihnen und sie mit ihm – eine ganze Ewigkeit hindurch. Er existiert allein, aber nicht einsam; die geheimnisvolle Dreipersönlichkeit ist zugleich die Quelle einer unendlich vollkommenen Freudengemeinschaft, die durch keine geschaffenen Dinge vermehrt oder erhöht werden kann. Satan allein ist unfruchtbar und einsam, eingeschlossen in sich selber, er und seine Anhänger.

Als der Sohn für uns auf die Erde kam, um unser sterbliches Fleisch anzunehmen, wollte er nicht ohne menschliche Liebe leben. Dreißig Jahre lang verbrachte er mit Maria und Joseph und bildete auf Erden einen Schatten der himmlischen Dreieinigkeit. O, welch vollkommener, seelischer Einklang herrschte zwischen diesen dreien! Jeder Blick des einen wurde von den anderen verstanden, besser, als wenn er in tausend Worten ausgesprochen wäre; und nicht nur verstanden, sondern auch aufgenommen, erwidert und erfüllt. Es war wie das vollkommene Zusammenstimmen dreier

Instrumente, die alle klingen, wenn eines angeschlagen wird, und in vollkommener Harmonie denselben Ton geben.

Gestört wurde die heilige Einheit zuerst durch den Tod Josephs. Es trat zwar keinerlei Misston ein; denn bis zum letzten Augenblick seines Lebens war er eins mit ihnen, und ihre Bande wurden nur noch fester und inniger, als der Verfall seiner Kräfte eintrat und die letzte Krankheit und der Tod kamen. Es war wie eine Melodie, die in bestimmten Akkorden in vollkommener Harmonie das Lied durchzieht. Dieses Lied schloss bei Josephs Tode mit einem tieferen und schwächeren Ton; nicht als ob Joseph, obwohl so heilig, die Stärke des Tones oder der Harmonie einen wesentlichen Teil hinzugefügt hätte; die Liebe schließt nach ihrem Wortsinn eine Zahl ein, und als Joseph starb, legte sich über eine der drei Harfen stummes Schweigen.

O, welcher Augenblick höchsten seelischen Einklangs vor dem Tode Josephs: Sie, gebeugt über ihn und ihn haltend, er in rückhaltloser, tiefster Andacht sie anschauend und auf sie gestützt, in den Armen Gottes und der Gottesmutter! Wie eine Flamme zum letzten Male aufleuchtet und dann zusammensinkt, so dieser letzte, unaussprechliche Augenblick, in dem alle drei den Schmerz der Trennung vorausempfanden. Nur ein Moment, sehr verschieden durch Freude, nicht durch Trauer, kommt ihm an Stärke der Empfindung gleich: nämlich der Augenblick der Geburt Jesu. Geburt Jesu und Tod Josephs, zwei Momente von unaussprechlicher Lieblichkeit und Anmut, ohnegleichen in der Geschichte der Menschheit! Der heilige Joseph geht ein in die Vorhölle, fern vom Angesichte Gottes, um zu warten, bis seine Zeit gekommen sei; Jesus geht predigen, leiden und sterben, und Maria soll Zeuge seiner Schmerzen sein und nach der Auferstehung weiterleben ohne Ihn, inmitten der Wirrnisse des Lebens und der Herzenshärte der Heiden.

Jesu Geburt und Josephs Tod, mit diesen beiden Momenten beginnt und endigt die lebendige, reine, vollkommene Liebe zwischen den drei Gliedern der irdischen Dreieinigkeit. Der Tod Josephs, der sie brach, hat noch mehr gebrochen; denn mit ihm begann die Änderung, die sich auch auf den Sohn und die Mutter erstreckte. Dreißig Jahre lang hatten beide in völliger Verborgenheit vor der Welt füreinander gelebt. Nun sollte Jesus scheiden, um seine Predigt und sein Leiden zu beginnen, und als erste unvermeidliche Probe eigener Wahl beraubte er sich selbst der freudevollen Gemeinschaft der Herzen, die zwischen Ihm und seiner heiligen Mutter vom Augenblicke der Empfängnis an bestand und deren Urbilder eine ganze Ewigkeit hindurch mit dem Vater und dem Heiligen Geiste besessen hatte.

O meine Seele, du darfst diese Einheit der drei Herzen betrachten und selber Anteil haben an ihrer Liebe durch den Glauben, wenn auch nicht durch

Schauen. O mein Gott, ich glaube und ich weiß, dass eine Gemeinschaft himmlischer Dinge damals auf Erden begonnen und seither nie mehr aufgehört hat. Es ist meine Pflicht und meine Freude, darin einzutreten; es ist meine Pflicht und meine Freude, ein Akkord in dieser wunderbaren Harmonie zu sein, die in dem Hause von Nazareth zu erklingen begonnen hat. Gib mir Deine Gnade, die allein mich diese Harmonie vernehmen und begreifen lässt, auf dass sie in mir nachzittere. Meine Seele wehe und atme in und mit Jesus, Maria, Joseph; sie lebe mit ihnen verborgen, fern von der Welt und ihren Gedanken. Lass mich auf sie schauen in Freud und Leid und leben und sterben in ihrer süßen Gemeinschaft.

Der letzte Tag der irdischen Gemeinschaft zwischen Jesus und Maria war bei der Hochzeit zu Kana. Damals wurde schon die beglückende Innigkeit in etwa gestört, weil sie nicht mehr allein füreinander leben konnten, sondern mit dem Schritt in die Öffentlichkeit ihren Platz in der neuen Ordnung der Dinge, die sich vor ihnen auftat, einzunehmen begannen. Jesus offenbarte seine Herrlichkeit durch sein erstes Wunder und auch die Herrlichkeit seiner Mutter, indem er es auf ihre Bitte hin wirkte. Er ehrte sie noch besonders, indem er auf ihr Wort die Ordnung seiner Pläne änderte und, obwohl die Zeit seiner Wunder noch nicht gekommen war, auf ihre Bitte hin das erste gewissermaßen vorwegnahm. Jedoch mit Erfüllung ihres Wunsches nahm er Abschied von der Mutter in den Worten: „Frau, was ist zwischen dir und mir?“ So verließ er sie segnend, aber unwiderruflich. Das hieß hinausgehen aus dem Paradiese, matt und ohne Stütze.

In Wahrheit der wahre Hohepriester der Welt musste, um seine Mission an dem Menschengeschlechte zu erfüllen, frei von menschlichen Banden und von Anhänglichkeit an Fleisch und Blut sein. Ein Grund für sein langes Zusammensein mit der Mutter in Nazareth mag der gewesen sein, zu zeigen, dass er, um Mensch zu werden, auf die Glorie und Seligkeit im Himmel verzichten wollte und ebenso, um Priester der Menschheit zu werden, auch auf die unschuldigen und reinen Freuden des irdischen Herdes verzichten wollte. Von Melchisedech wird im Alten Bunde weder Vater noch Mutter erwähnt; die Leviten zeigten sich ihres Priesteramtes erst würdig und wurden dem Priesterstand eingereiht, wenn sie sich gegen natürliche Neigungen stark erwiesen und zu Vater und Mutter sprachen: „Ich kenne euch nicht“, ja sogar das Schwert gegen ihre Blutsverwandten erhoben, wenn die Ehre des Herrn der Heerscharen dieses Opfer verlangte. In ähnlicher Weise sagte auch der Herr zu seiner Mutter: „Was ist zwischen mir und dir?“ Das war die Trennung des Opfers, der erste klare Schritt der großen Opferhandlung, die feierlich für das Heil der Welt vollzogen werden sollte; es ist die Opferung vor der

Darbringung der Hostie. „O mein teuerster Erlöser, der Du für mich auf Deine Mutter verzichtet hast, gib mir die Gnade, um Deinetwillen auf alle meine irdischen Freunde und Verwandte freudig zu verzichten!"

Der oberste Hohepriester spricht zu seiner Familie: „Ich kenne euch nicht." Und dennoch dürfen wir sicher sein, dass sein zartes Herz bei diesen Worten zurückdachte an die ganze Zeit seit seiner Geburt und der trauten Tage der Kindheit sich erinnerte, als er in der Gemeinschaft seiner Eltern gelebt, die er hatte verlassen müssen. Elisabeth und Johannes hatten einst zur Heiligen Familie gehört. Elisabeth war gestorben wie Joseph und erwartete mit ihm den Tag, da Jesus das Tor des Himmels öffnen werde. Johannes hatte sich seit Langem von Haus und Heim getrennt und auf irdische Liebe verzichtet; er hatte die Predigt vom kommenden Erlöser begonnen und wartete auf sein Erscheinen.

Gib mir, o Jesu, die Gnade, in dieser heiligen Gemeinschaft zu leben. Lass mich mein Leben in Deiner und in Deiner teuren Freude Gegenwart verbringen! Lass mein Herz, weil ich sie nicht sehen kann, durch die sichtbaren Dinge nicht verleitet werden, dass ich es einem anderen hingebe! Du hast mich so sehr mit Freuden überhäuft; dulde nicht, dass ich mich von ihnen abhängig mache, dass ich auf sie zähle oder in irgendeiner Weise mein Herz an sie hänge, sondern mein Leben sei nur in Dir, mein Umgang und meine

Unterhaltung sei nur mit denen, die Du auf Erden um Dich berufen hast und mit denen Du Dich jetzt im Himmel erfreust. Meine Seele gehöre Dir allein und mit Dir auch Maria, Joseph, Elisabeth und Johannes.

Und Jesus verzichtete, als seine Zeit gekommen war, nicht nur auf Maria und Joseph; es blieben ihm noch unsichtbare Diener und Freunde, deren Liebe er besaß und auf die er ebenfalls verzichten wollte. Wir dürfen annehmen, dass er seit seiner Geburt mit den hohen Geistern der Patriarchen und Propheten, die seine Ankunft vorbereitet und vorherverkündigt hatten, in Verbindung stand. Bei einer feierlichen Gelegenheit sehen wir ihn in Gemeinschaft mit Moses und Elias und sich mit ihnen über sein Leiden unterhalten. Welche Weite der Gedanken öffnet sich uns da, von denen wir so wenig wissen! Als er ganze Nächte im Gebete verbrachte, zeigten Seele und Leib bei ihm eine so große innere Erquickung und Stärkung, wie kein Schlaf sie hätte geben können. Wer hätte besser den göttlichen Meister stützen und, wenn man so sagen soll, ihm Kraft verleihen können als der gepriesene Chor der Propheten, deren Urbild und Erfüllung er war. Da mag er sich unterhalten haben mit Abraham, der seinen Tag gesehen, mit Moses, der ihn vorherverkündigt, mit David und Jeremias, die ihn ganz besonders versinnbildet, mit Jesaias und Daniel, die ihn bis ins Einzelne klar vorhergesagt hatten. Da bestand für ihn eine Quelle reinster Teilnahme. Als er nach Jerusalem hinaufging, um sein Leiden zu beginnen, kamen all die heiligen Priester ihm entgegen, die ihre Opfer im Hinblicke auf Ihn dargebracht hatten, ähnlich wie der Priester jetzt in der heiligen Messe an die Opfer Abels, Abrahams und Melchisedechs sowie an die Feuerkohle Jesaias erinnert oder wie er mit den Aposteln und Märtyrern geistige Gemeinschaft hält.

Lasst uns noch einen Augenblick bei Maria verweilen, ehe wir den Schritten ihres Sohnes, unseres Herrn, folgen. Einst hatte er einen Menschen zurückgewiesen, weil er vor der Nachfolge von den Seinen noch Abschied nehmen wollte; ähnlich war auch sein eigenes Verhalten der Mutter gegenüber. Wird es ihm nun missfallen, wenn wir bei ihr verweilen, während sein Leiden der Gegenstand unserer Betrachtung sein soll? O Maria, wir verehren in Andacht deine sieben Schmerzen, aber ist der Abschied von deinem Sohne, der ja nicht dazu gezählt wird, nicht doch einer der größten und schloss er vermöge der Voraussicht, die dir gegeben war, die folgenden nicht ein? Wie hast du diese erste Trennung von deinem Eingeborenen ertragen? Wie schmerzlich waren die ersten Tage des düstern Alleinseins! Wohin hast du dich zurückgezogen? Wo hast du die drei langen Jahre seiner öffentlichen Wirksamkeit zugebracht? Einmal zu Beginn hast du versucht, dich ihm zu nähern, und seither ist von dir nicht mehr die Rede, bis wir dich am Fuße des Kreuzes wiederfinden. Und dann nach der großen unbeschreiblichen Freude seiner Auferstehung und dem dauernden Troste, der dir nicht mehr genommen werden kann, dass Leid und Erniedrigung für deinen Sohn für immer aufgehört haben und dass du nicht mehr um ihn zu weinen brauchst – da hast du noch lange Jahre, in denen du noch im Fleische wandeltest, getrennt von ihm inmitten einer gottlosen Welt gelebt.

Außer den anderen Schmerzen hat die heiligste Jungfrau unsäglich unter der Hingabe ihres Sohnes, mit dem sie dreißig Jahre unter einem Dache gelebt, gelitten. Als er zwölf Jahre alt war, hat er sie bereits im Tempel auf das kommende Verhängnis hingewiesen, und als die Zeit seiner Wunder gekommen war, sagte er zu ihr: „Was ist zwischen mir und dir? Was haben wir Gemeinsames?" – Und bald verließ er sie. Einmal suchte sie ihn wiederzusehen, aber vergebens; durch die Menge konnte sie nicht zu ihm gelangen, und er gab sich keinerlei Mühe, sie zu empfangen oder ihr ein Wort der Liebe zu sagen. Nur am Schlusse setzte sie es durch, dass sie zu ihm kam, um zu sehen, wie er am Kreuze hing und starb. Dann blieb er nach seiner Auferstehung nur noch vierzig Tage auf Erden, ließ sie altern und ohne ihn ihr Leben beschließen. Welche Zeit der Trübsal und der Trennung im Vergleich zu den dreißig glücklichen Jahren in Nazareth!

Ich sehe sie allein in ihrer Wohnung, während ihr Sohn und Herr das Judenland durcheilt ohne einen

Platz, wo er sein Haupt hinlegen könnte; ich sehe sie doppelt leiden, weil sie so einsam und er so allen Feinden ausgesetzt ist. Wie verlief der Tag für sie so traurig! Bisweilen kam die Kunde, dass er in Gefahr oder in Not sei. Sie hörte vielleicht, dass er in die Wüste gegangen war, um versucht zu werden. Am liebsten hätte sie alle Leiden mit ihm geteilt, aber das verwehrte er ihr. Das furchtbare Gerücht, er sei von Sinnen, das sich überall verbreitete, drang auch zu ihr, und seine Verwandten und Freunde suchten ihn auf, um sich davon zu überzeugen. Auch Maria ging hin, um ihn zu sehen und mit ihm zu sprechen, aber sie vermochte es nicht infolge des Zudranges, und wiederum gab der Sohn sich keine Mühe, sie zu empfangen oder ihr ein Wort der Liebe zuzusprechen. Traurig kehrte sie wieder in ihre Wohnung zurück ohne Zeichen von Ihm und lebte weiter allein inmitten solcher, die vielleicht nicht an ihn glaubten.

Ich sehe sie auch nach der Himmelfahrt, in einer Zeit weiterer, wenn auch getrösteter Trennung, in einer Zeit der Dämmerung und des Harrens auf den kommenden Tag. Der Herr war fern, nicht mehr auf Erden und litt nicht mehr; der Tod hatte keine Gewalt mehr über ihn. Jeden Tag suchte er sie heim in dem verborgenen Liebesmahl. Ich sehe die heilige Jungfrau bei der heiligen Messe und Johannes am Altare. In Versunkenheit erwartet sie den Augenblick der Gegenwart ihres Sohnes. Dann hält sie mit ihm

Zwiesprache in dem heiligen Ritual; sie empfängt ihn, dem sie einst bei der Geburt das Leben gegeben hat.

O heilige Mutter, sei mit mir bei der heiligen Messe, wenn dein Sohn zu mir kommt, dem du als Kind gedient, an dessen Lippen du gehangen und unter dessen Kreuz du gestanden hast! Bleibe bei mir, heilige Mutter, damit ich etwas von deiner Reinheit, Unschuld, Glaubensstärke erlange und damit er allein der Gegenstand meiner Liebe und Anbetung sei, wie er es bei dir war! –

Jesus hatte auch noch andere Freunde, die zu seinem Dienste bereitstanden und von denen wir mehr erfahren – die heiligen Engel. Es war die Stimme eines Erzengels, der den Propheten die Herabkunft des Ewigen in den Schoß Mariens verkündigte; Engel sangen bei seiner Geburt und beteten ihn an in der Krippe; ein Engel führte ihn nach Ägypten und brachte ihn wieder zurück; Engel dienten ihm nach der Versuchung in der Wüste und vollführten seine Wunderwerke, wenn er sie nicht durch ein allmächtiges „Werde“ wirken wollte. Aber es kam der Augenblick, wo er sie entließ, wie er auch von seiner Mutter Abschied genommen hatte. Nur einer stand ihm bei in der Todesangst im Ölgarten, und während der Passion war er ganz allein, wie er es bei der Gefangennahme mit den Worten andeutet, dass der Vater ihm auf seine Bitte sofort ein Heer von Engeln schicken könnte; sie waren also damals nicht an seiner Seite; die Kirche betet am Tage der Himmelfahrt zum König der Herrlichkeit und zum Herrn der Engel, dass er uns nicht als Waisen zurücklasse. – Dieser Herr und Gebieter der Engel hat freiwillig auf ihren Dienst verzichtet, um das Maß seines Leidens vollzumachen.

Als er sich von seiner Mutter getrennt hatte, erwählte er sich andere menschliche Freunde, die zwölf Apostel, wie wenn er seine Liebe auf sie konzentrieren wollte. Er wählte sie, wie er sagte, nicht als Diener, sondern als Freunde und machte sie zu seinen Vertrauten; er teilte ihnen seine Geheimnisse mit und wollte freimütig und freigebig gegen sie sein, wie ein Vater mit seinen bevorzugten Kindern. Er machte sie durch seine Offenbarungen reicher und glücklicher als die Könige, Propheten und Weisen des Alten Bundes. Er nannte sie seine lieben Kinder und erhob sie über die Klugen und Weisen dieser Welt, indem er ihnen seine Schätze anvertraute. Sein Herz jubelte, wenn er sie loben konnte, dass sie in seinen Schwierigkeiten bei ihm ausgeharrt hatten, und wie zum Lohne kündigte er ihnen an, dass sie auf zwölf Thronen sitzen würden, um die zwölf Stämme Israels zu richten. Er freute sich an ihrer Liebe, als er die Entscheidungsstunde nahen fühlte, und versammelte sie um sich beim letzten Abendmahle, wie wenn er Stütze bei ihnen suchte. „Mit tiefer Sehnsucht habe ich der Stunde gewartet, dieses Osterlamm mit euch zu essen, bevor ich sterbe.“ Es bestand also zwischen ihnen eine gegenseitige Hilfsbereitschaft und innige Liebe. Aber sein anbetungswürdiger Wille bestimmte, dass auch sie ihn verließen, damit er in seiner Not ganz allein sei. Der eine verriet, der andere verleugnete ihn, die übrigen nahmen das Weite und ließen ihn in den Händen seiner Feinde. Sogar nach seiner Auferstehung wollte keiner an ihn glauben. So betrat er die Kelter allein. –

Er, der Allmächtige und Allselige, dessen Seele stets von dem Glück der Gottschauung erfüllt war, hat nach dem Verzicht auf die Gegenwart seiner Mutter und auf die Liebe seiner Freunde auch der beseligenden Gegenwart Gottes freiwillig entbehren wollen, um der Nacht des Bösen ganz und allein ausgeliefert zu werden. Das war die letzte und furchtbarste Qual, die er seiner Seele zumaß. Während seiner irdischen Mission hatte er in Gott seine Zuflucht gegenüber der Bosheit der Menschen gesucht, zu ihm hatte er gerufen in der Not, in der Gemeinschaft mit dem Vater sich neu gestärkt, wenn rohe Undankbarkeit der Menschen zu schwer auf ihm lastete. In der Nacht zog er sich zurück, um zu beten. Er sagte dann: „Der Vater liebt den Sohn und zeigt ihm alles, was er tut." Er dankte ihm, dass er seine Geheimnisse den Weisen dieser Welt verborgen, den Kleinen aber geoffenbart hat. Aber auch dieses wesenhaften Trostes, aus dem er lebte, wollte er sich berauben, nicht zum Teil, sondern ganz. Bei Beginn des Leidens sprach er: „Meine Seele ist betrübt bis in den

Tod“ und am Ende: „Gott, mein Gott, warum hast Du mich verlassen?“ So war er in der Tat von allem, auch dem Letzten, entblößt.

O mein Gott und Erlöser, der Du des Lichtes und des Trostes beraubt warst, dessen Seele in dunklen Todesschatten saß und dessen Herz sich vor Durst nach Liebe verzehrte – alles um des Menschen willen –, nimm nicht weg von mir das Licht Deines Angesichtes, damit ich nicht in seinem Verlust dahinwelke und in meiner Schwachheit zugrunde gehe! Wer könnte sonst den Untergang der Sonne meiner Seele aufhalten? Wer könnte wandeln ohne das Licht, arbeiten ohne die reine Luft? Wenn Heilige es vermögen – ich nicht; ich würde mich zur Kreatur wenden, meinem Vergnügen nach, wenn Du Dich selbst mir nicht gibst. Ich würde nicht mehr trauern, nicht mehr hungern und dürsten nach Gerechtigkeit, sondern suchen, was mir am Nächsten liegt, und ich würde mich nähren an den Resten von der Mahlzeit der Könige oder gar meinen Hunger stillen an dem Auswurf, an Stroh und Asche, die, wenn auch nicht Gift, doch auch keine Nahrung sind. O mein Gott, verlasse mich nicht in der Trockenheit und Betrübnis, in der ich mich jetzt befinde! Verleihe mir den Trost Deiner Gnade! Wie könnte ich Zärtlichkeit oder Milde empfinden, wenn ich Dich nicht sehe? Wie könnte ich ausharren im Gebete, wie es meine doppelte Pflicht ist, seit ich im Oratorium bin, wenn Du mich nicht dazu ermutigst und es mir süß und angenehm machst? Ein alter Mann hat kaum mehr Wärme genug in sich; er bleibt von selbst hinter anderen zurück und weiß das Verlorene nicht wiedereinzuholen. Und doch, o mein Gott, ist nicht der heilige Philipp mein Vater, der nie in seinem Leben trostlos gewesen zu sein scheint? Du hast Prüfungen über ihn verhängt, aber hast das Licht Deines Antlitzes nicht von ihm genommen! O heiliger Philipp, erwirke du mir einen Teil deines Friedens und deiner Freude, deiner Milde und Liebenswürdigkeit, deiner Selbstverleugnung und Hingabe! Ich bin in allem das gerade Gegenteil von dir und sollte doch dein Jünger sein.

3. Das körperliche Leiden unseres Herrn

Die körperlichen Leiden unseres Herrn waren größer als die aller Märtyrer, weil er es selbst so wollte. Jeder leibliche Schmerz hängt bezüglich des Grades der Empfindung von der Natur des lebendigen Geistes ab, der in dem Leibe wohnt. Die Pflanzen haben kein Gefühl, weil keine Seele in ihnen ist; die Tiere haben mehr oder weniger Empfindung je nach der Art ihrer Tierseele. Der Mensch fühlt vollkommener als irgendein Tier, weil der Geist in ihm lebt, und die Seele Christi empfand wieder tiefer als jede andere Menschenseele, weil sie mit dem göttlichen Worte in persönlicher Einheit verbunden war. Christus empfand darum den

Schmerz um so viel schärfer als irgendein Mensch, wie seine Natur über die menschliche erhaben ist.

Zerstreuung bedeutet Erleichterung des Schmerzes. In der Schlacht wird oft ein Soldat verwundet, ohne es zu wissen; Kranke scheinen in heftigem Fieber sehr zu leiden, und wenn die Zeit vorüber ist, erinnern sie sich nur mehr einer gewissen Aufregung oder allgemeinen Unwohlseins. Ebenso sind Erregung und Begeisterung wichtige Erleichterungsmittel in körperlicher Pein. Es gibt Wilde, die an einen Pfahl gebunden langsam dem Tode überliefert werden und in einer Art geistigen Trunkenheit trotz ihrer Qualen singen. Ein plötzlicher Schmerz ist im Verhältnis leichter zu ertragen als ein lange anhaltender. Die Dauer macht den Schmerz so schwer. Hätten wir nicht die Erinnerung, die uns zwingt, das Gefühl eines Schmerzes, den wir in einem Augenblicke empfunden haben, in die Empfindungen aller folgenden Augenblicke mitzunehmen und ihn so stets wachsend zu fühlen, dann empfänden wir den Schmerz leichter. Der Schmerz des zweiten Augenblicks ist empfindlicher, als der erste, weil der erste in ihm enthalten ist, und der dritte ist empfindlicher als der zweite, weil er den ersten und zweiten in sich enthält und so fort. Christus hat weder in der Erregung oder Begeisterung, noch in der Achtlosigkeit des Geistes gelitten, sondern dem Schmerze offen ins Antlitz geschaut, ehe er kam. Er hat ihm seine ganze Menschennatur geöffnet und ihn gewissermaßen in seinen Busen aufgenommen. Er hat alle Leiden in dem ganzen Bewusstsein des Leidens getragen.

Darum wollte er von dem betäubenden Tranke nicht nehmen, der ihm zur Umnachtung seines Geistes gereicht wurde. Er wollte die ganze Fülle des Leidens auskosten. Seine Seele richtete ihre ganze Kraft auf das Leiden und sog es ein wie die Wasser des Lebens. Vergänglichkeit und Zukunft fasste er mit tätigem Geiste zusammen, sodass seine ganze Passion in jedem Augenblicke ihrer Dauer konzentriert war und dass alle Schmerzen, die erduldet waren und die noch erduldet werden sollten, in jedem Augenblicke zusammentrafen, um sein Leiden zu vermehren. Gleichwohl war seine Seele so ruhig, so nüchtern, so erregungslos und rein leidend, dass er die ganze Kraft des Schmerzes auf sich nahm, ohne sie zurückweisen zu können. Das Bewusstsein seiner Unschuld und die Sicherheit des baldigen Endes seiner Leiden hätten ihm dieselben erträglich machen können; aber auch diesen Trost wies er von sich und wandte seine Gedanken von jeder Erleichterung, um ganz und vollkommen zu leiden.

O mein Herr und Erlöser, der Du für mich so furchtbare Leiden erduldet und sie mit so klarem Bewusstsein, solch innerer Sammlung und geistiger Anspannung erduldet hast, hilf mir, wenn ich auch so furchtbaren Versuchungen körperlicher Pein ausgeliefert werde, dass ich sie ebenfalls mit einem Teil Deiner göttlichen Ruhe erdulde! O heilige Jungfrau und Mutter, die du deinen Sohn leiden sahst und mit ihm gelitten hast, erwirke mir die Gnade, meine Leiden mit den seinigen und deinigen zu verbinden, damit sie durch eure Verdienste und die Verdienste der Heiligen als Sühne für meine Sünden angenommen werden und mir das ewige Leben erlangen helfen! (19. April, Mittwoch der Karwoche).

Die Leiden unseres Herrn waren so groß, weil seine Seele so gelitten hat. Das zeigt sich bei der Todesangst im Ölgarten, ehe sein körperliches Leiden begonnen hatte. Die erste Angst, die seinen ganzen Körper erfasste, kam nicht von außen an ihn, von den Geißelhieben, den Dornen oder Nägeln, sondern aus seiner Seele. Seine Seele war im Todeskampf, und er selber nannte ihn Tod: „Meine Seele ist betrübt bis in den Tod." Die Todesangst presste sein Herz zusammen und ließ den ganzen Körper erzittern. Wie bei der Sintflut die Schleußen der Tiefe sich auftaten und die Wasser des Himmels niederrauschten, so drang auch das Blut aus dem krampfhaft zuckenden, gepressten Herzen stürmisch aus allen Poren und rann in dicken Tropfen dumpf zur Erde nieder.

Jesus blieb in diesem lebendigen Tode von der Ölbergstunde bis zum Ende, und wie die erste Todesangst aus seiner Seele hervorkam, so auch die letzte, das Brechen seines Herzens. Geißel und Kreuz haben seine Leiden nicht begonnen und nicht beendigt; seine Seele hat dem Körper den Tod gebracht.

Die Henkersknechte waren erstaunt, ihn tot zu finden. Wie war er gestorben? Das zitternde, bebende Herz, das sich dem Leiden so ganz und grausam hingegeben hatte, stand vor Erschöpfung still, und es hätte schon früher stillgestanden, wenn der Leidende es nicht selbst hätte aufrechterhalten wollen. Als das Maß erfüllt war, hörte es auf zu schlagen.

O gemartertes Herz: Liebe, Schmerz und Furcht waren es, die Dich gebrochen haben; der Anblick der menschlichen Sünden, das Bewusstsein, sie selbst wie eigene zu tragen, lastet wie ein Alp auf Dir; der Eifer für die Ehre Gottes, der Schauder vor dem Wust von Sünden, der so nahe bei Dir war, das Gefühl der Erstickung in dieser Kloake der Menschheit, die tiefe Scham, der Ekel und Widerwille, den es in Dir erregte, dann aber auch wieder das brennende Mitleid mit den Seelen, die trotz Deines Todes freiwillig zur Hölle fahren, – all diese Gedanken und Empfindungen vereinigten sich in Deiner Todesangst, und Du ließest sie wie eine Flut der Trübsal auf Deine Seele niederfließen. Du hast Dich selbst der ganzen Welt des Schmerzes unterworfen; das war Dein Tod. Dieses zarte, reine, edelmütige, wahrhaft souveräne Herz wurde durch die Sünde erstickt.

O zartes, süßes Herz meines Erlösers, wann wird mein Herz einen Teil Deiner Vollkommenheit erlangen? Es ist noch so hart wie Stein, so hochmütig, ungläubig, eng, selbstsüchtig, unrein; wann wird es dem

Deinen ähnlich werden? O, so lehre mich wenigstens, Dich gut zu betrachten, dass ich Dich immer besser verstehe und inniger liebe, wie Du mich zuerst geliebt hast! (20. April, Gründonnerstag).

4. Es ist vollbracht

Nun ist alles zu Ende, o Herr, Dein Leben, Dein Leiden und Deine Erniedrigung. Wir sind Dir gefolgt von dem Fasten in der Wüste bis zum Tod am Kreuze. Vierzig Tage haben wir Buße getan; die Zeit war lang und doch kurz; aber nun ist sie vorüber. Wir freuen uns der Vollendung; Du bist erleichtert und erlöst und wir danken Dir, dass wir miterlöst sind. Wir danken Dir für die Trübsal, weil aus ihr die Freude hervorgewachsen ist. Verzeihe uns die Mängel der Bußzeit und lass uns Ostern feiern im neuen Sauerteige!

Allerdings haben wir noch sehr wenig getan für Dich, o Herr! Wir kennen nur zu sehr unsere Gleichgültigkeit und Lauheit, unseren Mangel an Selbstverleugnung und Bußgeist, auch wo keine Entschuldigung aus Gesundheitsrücksichten vorliegt; wie schwach und ungern gehen wir an Gebet und Betrachtung, wie sehr sind wir zerstreut, schlecht gestimmt und reizbar! Aber vielleicht haben einige aus uns mehr getan. Betrachte uns darum, o Herr, als eine Familie und lass das Gut des Einen auch als Ersatz des

Anderen gelten. Wir haben zwar die Osterfreude durch unsere Opferleiden nicht verdient und dürfen uns dennoch in Dir freuen. Die Festfreude rechtfertigt sich also durch Deine Güte in sich selbst. Sei also gnädig und barmherzig durch die Verdienste Deines allmächtigen Leidens und die Bußwerke Deiner Heiligen! Nimm uns an als Deine kleine Herde, in einer armen Zeit, in einem zerrütteten Lande, in einem Jahrhundert, das Glauben und Liebe verloren hat! Erbarme Dich unser, verschone uns und schenke uns den Frieden!

O mein geliebter Erlöser, der Du jetzt im Grabe ruhst, aber bald auferstehen sollst: Mit Deinem consummatum est hast Du den Lösepreis bezahlt, wir sind gerettet. O, erfülle nun auch in uns Deine Auferstehung! Nachdem Du uns erkauft hast, lege Deine Hand auf uns, nimm Besitz von uns und mach uns ganz Dein! (22. April).

III. Gott und die Seele

1. Gott, das Glück der Seele

Dich besitzen, Du Liebhaber der Seelen, das ist das einzige Glück der unsterblichen Seele. An Deinem Anblick sich erfreuen, ist das ganze Glück der Ewigkeit. In diesem Leben kann ich mich an den Torheiten der

Zeit und der Sinne unterhalten und ergötzen, aber sie dauern nicht lange; wir verlieren sie, sobald wir aus dieser Welt gehen. Alles Dunkel wird eines Tages verschwinden. Was soll ich dann tun? Nichts wird mir dann übrig bleiben als der allmächtige Gott. Wenn ich jetzt keine Freude im Gedenken an ihn finde, dann wird mir auch jene ganze Ewigkeit hindurch nichts bleiben, woran ich Freude finden könnte; Gott und meine Seele werden die einzigen Wesen sein, die in der ganzen Welt, soweit sie mich angeht, bleiben. Gott wird alles in allem sein, ob ich es will oder nicht: Was soll aus mir werden, wenn ich ihn nicht liebe und wenn es nichts anderes mehr zu lieben gibt? Wenn ich im Gegensatz zu ihm stehe und er eine Ewigkeit lang mich ansieht?

O mein Herr, wie kann ich aussprechen, dass Du alles in allem bist, ob ich will oder nicht? Müsste ich es nicht von ganzem Herzen wünschen? Wer kann mir Glückseligkeit geben außer Dir? Wenn ich alle Freuden der Zeit und der Sinne um mich hätte, wie ich sie jetzt habe, würden sie mich nicht im Laufe der Jahre und Jahrhunderte ermüden? Wenn diese Welt ewig dauerte, könnte sie mir ewig die Nahrung der Seele sein? Gibt es etwas Erschaffenes auf Erden, das mich nicht zuletzt langweilte? Lieben die Greise noch, was sie in der Jugend geliebt haben? Ist die Welt nicht in beständigem Wechsel? Ich bin sicher, o mein Gott, dass die Zeit käme, wenn auch noch so entfernt, in der alle Freuden der Erde erschöpft wären und ich nach neuen verlangte. Du allein, o mein Herr, bist die ewige Nahrung meiner Seele. Du allein kannst die Menschenseele erfüllen und befriedigen. Die Ewigkeit wäre langweilig und armeselig ohne Dich, auch wenn Du nicht straftest. Dich sehen, Dich anschauen, Dich betrachten ist die unerschöpfliche Freude der Ewigkeit. Du bist in Wahrheit ohne jede Veränderung, aber Du birgst in Dir immer neue, wunderbare Tiefen und immer neue Seiten eindringender Betrachtung. Wir fangen immer von Neuem an, Dich zu betrachten, wie wenn wir Dich nie gesehen hätten. In Deiner Gegenwart sind die ewigen Sturzbäche der Freuden, die derjenige immer tiefer in sich hineintrinkt, der Dich einmal verkostet hat. Das, o Herr, ist mein Anteil auf immer und ewig.

Aber wie weit bin ich noch davon entfernt, dieser kleinen Erkenntnis entsprechend zu handeln! Ich muss es bekennen: Mein Herz läuft den Schatten nach; ich ziehe alles andere dem Verkehr mit Dir vor; ich habe es immer so eilig, wenn ich von Dir gehen soll; ich empfinde es oft so lästig, meine Gebete zu verrichten; es gibt kaum eine Beschäftigung oder ein Vergnügen, dem ich mich nicht lieber als dem ernsten Gedanken an Dich hingebe. Gib mir, o Vater, die Gnade, tiefe Scham über diese Lässigkeit zu empfinden! Zieh mich aus meiner Trägheit und Kälte und lass mich mit ganzem Herzen Dich allein ersehnen und erhoffen! Lehre mich Betrachtung, fromme Lesung und das Gebet lieben! Lehre mich alles schätzen, was eine Ewigkeit hindurch meinen Geist beschäftigen soll!

2. Christus gestern, heute und in Ewigkeit derselbe

Alle Dinge ändern sich hienieden. Ich sage und glaube es, o mein Herr, und ich empfinde es mehr und mehr, je länger ich lebe. Meine ganze Zukunft liegt offen vor Deinen Augen. Du weißt genau, was jedes Jahr, jeden Tag, bis zu meiner letzten Stunde mir zustoßen wird. Ich weiß es nicht, aber ich weiß, dass Du in meinem Leben eine beständige Änderung siehst. Kein Jahr wird mich verlassen, wie es mich gefunden hat, weder innerlich noch äußerlich. Während keiner Zeit werde ich derselbe bleiben. Wie viele schwere, unerwartete und harte Schläge sollen noch über mich kommen? Ich weiß es nicht und weiß auch nicht, wie lange ich noch zu leben habe. Ich bin durch einen beständigen Wechsel getrieben, ob ich will oder nicht. O mein Gott, auf wen soll ich mich stützen? Es gibt nichts Sicheres und Beständiges auf Erden, auf das ich rechnen könnte, und wenn ich es täte, würdest Du es mir gerade deswegen nehmen; aus Liebe würdest Du mir meine Stütze entreißen, um mich ganz allein auf Dich zu stellen.

Alles außer Dir, o Gott, ist im Wechsel, Du aber

bleibst. Du bist stets derselbe, der wahre Gott des Menschen, und darum unveränderlich. Du bist das seltenste und kostbarste, das einzige Gut, denn Du bist allein von Dauer. Das Geschöpf ändert sich, nicht der Schöpfer, und nur wenn er sich auf Dich stützt, kann es sich dem Wechsel entziehen. Die Engel betrachten Dich und besitzen den Frieden; darum ist ihr Glück vollkommen. Sie können es nicht verlieren, weil sie Dich nicht verlieren können. Sie haben keine Ängste und keine Besorgnis, weil sie den Schöpfer lieben, nicht etwas Zeitliches oder Sinnliches, sondern „Jesus Christus, gestern, heute und in Ewigkeit derselbe".

O mein Herr, mein einziger Gott und Alles! Lass mich nie mehr Vergänglichem nachjagen. Alles ist nichtig hienieden wie der Schatten, der vorüberzieht. O, dass ich mein Herz an kein Ding dieser Erde verliere, dass nichts mich von Dir abwende! Umfasse und durchdringe Du mich ganz! Nimm dieses leichte Herz und diesen schwachen Geist in Deine göttliche Hut! Ziehe Du mich an, dass ich in Dir meinen Trost finde am Morgen, am Mittag und am Abend! Sei Du das glänzende Licht, nach dem ich schaue als dem Führer und Friedensbringer! Lass mich Dich lieben, o mein Herr Jesus, mit einer glühenden und reinen Liebe! Lass mich Dich lieben mit derselben und noch größerer Wärme, mit der die Menschen die Geschöpfe dieser Erde lieben! Lass mich in dieser Liebe die Zartheit und Beständigkeit gewinnen, die so sehr bei irdischer Liebe gepriesen wird! Lass mich Dich finden und empfinden als die wahre, einzige Freude meiner Seele, als meine Zuflucht, meine ganze Kraft, mein einziger Trost, meine letzte Hoffnung, meine höchste Furcht und meine ganze Liebe!

3. Liebesakt

Herr, ich glaube, ich weiß und ich fühle, dass Du das höchste Gut bist. Damit will ich nicht bloß sagen, dass Du die höchste Güte, das höchste Wohlwollen, sondern auch die höchste, alles übersteigende Schönheit bist. Ich glaube, so schön Deine Schöpfung ist, im Vergleich zu Dir, dem Urquell und Schöpfer aller Schönheit, ist sie Staub und Asche, ein Nichts, das keine Beachtung verdient. Ich weiß, die vollkommende Freude und Seligkeit der Engel und Heiligen besteht darin, dass sie Dich, die ewige Schönheit, schauen. Schon auf dieser Erde versetzt ein Strahl Deiner Glorie heilige Seelen in Verzückung. Selbst ich in meiner Niedrigkeit fühle die Wahrheit all dessen, weil Du aus Erbarmen unsere Natur angenommen hast und als Mensch zu uns gekommen bist. „Und wir haben seine Herrlichkeit gesehen als die Herrlichkeit des Eingeborenen vom Vater." – O mein teuerster Erlöser, je mehr ich Deine Worte, Deine Werke, Deine Handlungen, Deine Leiden, die das Evangelium uns berichtet, betrachte, desto tiefer erkenne ich Deine wunderbare Glorie und Schönheit.

Und wegen dieser Schönheit, bester Heiland, liebe ich Dich und verlange, Dich immer mehr zu lieben. Weil Du im ganzen Weltall die einzige Güte, die alleinige Schönheit und Wonne bist, weil nichts Dir ähnlich ist und Du unendlich herrlicher und wunderbarer bist als die schönsten Geschöpfe, umfasse ich Dich mit einer einzigartigen, ganz besonderen und rückhaltlosen Liebe. Alles scheint mir trüb und dunkel, Herr, wenn ich Dich betrachte. Nichts auf Erden, selbst was mir von Natur am liebsten ist, könnte ich so lieben wie Dich; ich wollte lieber alles verlieren, nur Dich nicht, denn Du bist mein höchster Herr, meine einzige Liebe.

Mein Gott, Du weißt unendlich besser als ich, wie wenig ich Dich wirklich liebe; überhaupt ich würde Dich nicht lieben, wenn Du mir nicht Deine Gnade gegeben hättest. Sie erst hat das Auge meines Geistes geöffnet, dass es Deine Herrlichkeit sehen kann. Sie hat mein Herz ergriffen und für die Wonnen Deiner wunderbaren Schönheit empfänglich gemacht. Nur eine entsetzliche Verderbnis der Sinne könnte mich abhalten, o mein Herr, Dich zu lieben und Dich zu betrachten.

Aber, o Gott, alles scheint mir näher zu sein als Du. Die Dinge der Erde, alles, was mich von Natur ergötzt, will mir immer wieder den Blick auf Dich rauben; nur Deine Gnade kann mir helfen. Bewahre darum Du, o Herr, meine Augen, meine Ohren, mein Herz, dass sie nicht einer elenden äußeren Tyrannei verfallen! Zerbrich meine Fesseln, erhebe mein Herz, lass mein ganzes Sein nur auf Dich gerichtet sein, dass ich Dich niemals aus den Augen verliere, und lass meine Liebe in Deiner Betrachtung Tag für Tag immer mehr wachsen!

IV. Die Sünde

1. „Gegen Dich allein habe ich gesündigt"

Eine Ewigkeit hattest Du, Herr, in unaussprechlicher Wonne und Seligkeit gelebt, weil Du die einzige und höchste Vollkommenheit bist! Da begannst Du Geister zu erschaffen, die in verschiedenen Graden an Deiner Seligkeit teilnehmen sollten. Aber stattdessen wurden sie bald gegen Dich rebellisch. Zuerst erhob sich ein großer Teil der Engel, dann die Menschheit gegen Dich, um nicht Dir, sondern anderen zu dienen. Hast Du uns nicht erschaffen, um glücklich zu sein? Konntest Du in Dir selber glücklicher werden durch unsere Erschaffung, und wie konnten wir anders glücklich werden als in Deinem Dienste? Gleichwohl wollten wir nicht glücklich werden auf dem Wege, den Du uns gezeigt, sondern wählten einen andern und verließen Dich. O mein Gott, wie haben wir Deine Güte vergolten mit der Sünde! Welch schreckliche Undankbarkeit lag darin und welches wird meine Strafe sein, weil ich Dein Glück verschmäht und die Hölle dem Himmel vorgezogen habe? Ich weiß es, welches die Strafe sein wird; Du wirst sprechen: „Ihm werde, was er gesucht hat; er wollte zugrunde gehen – also gehe er zugrunde. Er verachtet die Gnaden, die ich ihm gebe“ darum mögen sie ihm zum Fluche werden.“

Du, o Gott, hast ein Recht auf mich, ich bin ganz Dein. Du bist der allmächtige Schöpfer, ich Dein Geschöpf. Ich bin ein Werk Deiner Hände, Du der Herr und Meister. So wenig Axt und Hammer sich gegen die Hand erheben können, die sie führt, so wenig vermag ich etwas gegen Dich. Du schuldest mir nichts. Ich habe keinerlei Rechte gegen Dich, sondern nur Pflichten. Ich hänge ganz von Dir ab, mein Leben, meine Gesundheit, der Segen jeden Augenblicks. Mein Wille hat kein Verfügungsrecht über mein Leben, so wenig wie Axt und Hammer. Ich hänge noch viel vollständiger von Dir ab als irgendein Ding hier von seinem Herrn und Meister. Der Sohn hängt in der Erhaltung seines Lebens nicht vom Vater ab; der Stoff, aus der die Axt gemacht ist, existiert vorher. Ich aber hänge ganz von Dir ab. Wenn Du Deinen Odem nur einen Augenblick mir entziehst, bin ich tot. Ich bin ganz und restlos Dein Werk und Dein Eigentum, und meine einzige Pflicht ist, Dir zu dienen.

O mein Gott, wie sehr habe ich das bisher vergessen und vergesse es noch beständig! Wie lange habe ich dahingelebt, als ob ich mein eigener Herr und Meister wäre, und habe mich gegen Dich erhoben! Nach meinem Gutdünken habe ich gehandelt, nicht nach Deinem Willen. So sehr habe ich mich verhärtet, dass ich das Unrecht gar nicht mehr empfand. Ich verstehe nicht mehr die Furchtbarkeit der Sünde, ich hasse und verabscheue sie nicht, empfinde keinen Ekel dagegen; ich wende mich nicht mit innerem Entsetzen davon ab, weil sie ein Unrecht und eine Schmach an Dir ist, sondern ich spiele mit ihr, und wenn ich auch keine schweren Sünden begehe, so habe ich doch keinen großen Widerwillen gegen die lässlichen. O Gott, wie groß und erschreckend ist der Unterschied zwischen dem, was ich bin, und dem, was ich sein sollte!

2. Fortsetzung

Ich wage nicht, irgendeinen irdischen Vorgesetzten zu beleidigen, weil ich weiß, dass es mir Ungelegenheiten bereiten könnte; aber Dich zu beleidigen, trage ich kein Bedenken. Ich weiß, o Herr, dass die Größe der Beleidigung sich richtet nach der Größe der Beleidigten. Gleichwohl scheue ich mich nicht, Dich zu beleidigen, obwohl Du der unendliche Gott bist. O mein Herr, was müsste ich empfinden, was von mir sagen, wenn ich gegen irgendeinen Vorgesetzten dieser Erde mich so benähme, wenn ich so gewalttätig wäre und einen Stoß gegen meinen Vater oder einen verehrten Priester führte, wenn ich mich nicht scheute, sie ins Gesicht zu schlagen? Ich könnte den Gedanken nicht ertragen – und doch, was ist das im Vergleich dazu, dass ich die Hand gegen Dich erhoben habe? Und was ist die Sünde anders? Sündigen heißt, Dich in der denkbar gröbsten Weise beleidigen. Darin also, meine Seele, besteht die Bosheit der Sünde: Sie ist ein Handaufheben gegen meinen grenzenlosen Wohltäter, gegen meinen allmächtigen Schöpfer, gegen meinen Hüter und einstigen Richter, gegen den, der die Fülle der Majestät, der Glorie, der Schönheit, der Verehrung und Heiligkeit selber ist – gegen den einen und einzigen Gott.

O Herr, ich bin entsetzt über den Zustand, in dem ich mich sehe! Was müsste aus mir werden, wenn Du streng wärest? Was ist mein Leben anders als eine Reihe großer und kleiner Beleidigungen und Missetaten an Dir, meinem teuren und erbarmungsreichen Erlöser! Wie viele schwere Fehler habe ich früher begangen und wie viele begehe ich in den kleinsten Dingen auch heute noch! Was soll noch aus mir werden? Wohin soll es noch mit mir kommen, wenn ich mir selbst überlassen bleibe? Was kann ich anders tun als demütig zu

Dem hingehen, den ich so schwer verletzt und beleidigt habe, und ihn bitten, die Schuld auszulöschen, die mich erdrückt. Herr Jesu, Deine Liebe zu mir war so groß, dass Du vom Himmel herabstiegst, um mich zu erlösen; zeige mir die Größe meiner Sünde, erkläre mir daran meine Unwürdigkeit, lehre mich tiefinnerliche Reue empfinden und vergib mir in Deiner großen Barmherzigkeit!

Ich bitte Dich, o mein teurer Erlöser, nimm wieder Besitz von mir! Deine Gnade allein vermag es. Ich kann mich nicht selber retten. Ich kann nicht wiedergewinnen, was verloren ist. Ich kann mich nicht zu Dir wenden, Deine Gunst wiedergewinnen und meine Seele retten ohne Dich; wenn ich nur auf meine Kraft rechnen darf, so werde ich ganz zugrunde gehen und in der Vernachlässigung meiner Pflichten verhärten. Ich mache mich selbst, statt Deiner, zu meinem Zentrum, bete selbst gemachte Idole statt Deiner an, der Du der einzige wahre Gott und mein Erlöser bist – wenn Deine Gnade mich nicht daran hindert. Erhöre mich darum, o Herr, ich habe lange genug gelebt in diesem wankenden, unentschiedenen und friedlosen Leben! Ich will jetzt Dein treuer Diener sein. Ich will nicht mehr sündigen. Sei mir darum barmherzig und hilf mir mit Deiner Gnade das werden, was ich nach meiner klaren Erkenntnis sein müsste!

Du bist, Herr, der unendlich barmherzige Gott. Du siehst alles, was Du gemacht hast. Insbesondere bist Du ein Liebhaber der Seelen. Wie kommt es aber, dass ich in einer so elenden Welt lebe? Kann das wirklich die Welt sein, die Du erschaffen hast, erfüllt mit so viel Leid und Schmerz? Welcher unter den Söhnen Adams lebt leidlos von der Wiege bis zum Grabe. Wie viel traurige Krankheiten und Schwächen, wie viel schreckliche Zwischenfälle des Lebens, wie viel furchtbare Ängste! Wie hart sind die Menschen gedrückt oder gebrochen, von Kummer und Traurigkeit, von stürmischen Leidenschaften und beständiger Furcht! Welch furchtbare Geißeln suchen die Erde heim, Pest, Hunger und Krieg! Warum das, o mein Gott? Warum, meine Seele? Überlege und frage dich noch einmal: Warum ist das so? Hat Gott seine Natur geändert? Wie konnte die Erde so schlecht und leidvoll werden?

Mein Gott, ich weiß sehr wohl, warum all diese Übel existieren. Du hast nicht Deine Natur geändert, sondern der Mensch hat die seine verdorben. Wir haben gesündigt, und daher kommt der furchtbare Umschwung. Alle Leiden, die ich um mich sehe und von denen ich selber meinen Teil zu tragen habe, sind die Früchte der Sünde. Sie sollte nicht existieren, hätten wir nicht gesündigt. Sie sind nur eine Abschlagszahlung für die Sünde, nur ein vages und unvollkommenes Bild dessen, was die Sünde ist. Das Übel der Sünde ist unendlich schlimmer als das der Hungersnot, des Krieges und der Pest. Die hässlichste Krankheit, die den Leib ganz verwüstet und entstellt, die das Blut verdirbt, Kopf, Herz, Lunge, alle Organe angreift, die Nerven zerrüttet, in allen Gliedern Schmerz, unstillbaren Durst, Zittern, Beben und Wahnsinn erzeugt – alles das ist nichts im Vergleich zu der furchtbaren Krankheit, die wir Sünde nennen. Es sind nur die Wirkungen der Sünde, ihre Schatten, mehr nicht. Die Ursache selbst ist etwas ganz anderes, viel schlimmer und furchtbarer als ihre Wirkungen. O mein Gott, zeige mir diese Bosheit! Lass mich die ganze Furchtbarkeit des Übels begreifen, an dem ich leide, ohne es zu wissen! Zeige mir, was die Sünde ist!

All diese schrecklichen Peinen des Leibes und der Seele sind nur Früchte und Wirkungen der Sünde; aber sie sind nichts im Vergleich zu der Strafe, die sie in der anderen Welt finden wird. Die größten und unerträglichsten Schmerzen dieser Erde sind nichts im Vergleich zu den Qualen der Hölle; die furchtbarsten Schrecken und Ängste der Seele sind nichts im Vergleich zu dem Wurm des Gewissens, der nicht stirbt; die schlimmsten Prüfungen, Verlust von Hab und Gut, Verrat der Freunde, tiefste Verlassenheit sind nichts im Vergleich zum Verluste der Anschauung Gottes. Die ewige Strafe ist der einzig wahre Maßstab für die Schuldarbeit der Sünde. Mein Gott, mach mir sie klar, öffne meine

Augen und mein Herz, ich bitte Dich inständig darum, und lass mich begreifen, wie verabscheuungswürdig dieser Leib des Todes ist, den ich trage! Und nicht nur das lehre mich, Herr, nach Deiner großen Barmherzigkeit, sondern auch ihn ausziehen und mich mit dem Gürtel des Lebens umkleiden.

4. Das Übel der Sünde

Herr Gott, ich weiß, dass Du die ganze Schöpfung wahrhaft gut gemacht hast, und wenn dies für die Körperwelt gilt, die ich sehe, dann noch viel mehr für die Welt der vernunftbegabten Wesen. Die unzählbaren Sterne, die das Himmelszelt erfüllen, und die Elemente, aus denen die Erde gemacht ist, sind in wunderbarer Harmonie mit ihrem Lauf und ihrem Zwecke; aber noch viel höher war die Harmonie im Himmel, als die Engel zuerst erschaffen wurden. Beim ersten Augenblicke ihres Daseins waren die Chöre der Engel in erhabener Harmonie und einziger Schönheit, und die Erschaffung des Menschen sollte diese Harmonie in neuen Daseinsformen verwirklichen und weiterführen. Aber plötzlich zeigte sich an einem Punkte dieses feinen und erlesenen Gewebes ein furchtbarer Riss, der immer weiter und tiefer wurde und einen Teil völlig vernichtete; dann zeigte sich ein ähnlicher Riss im Menschengeschlecht und verbreitete sich über alles, was Menschenantlitz trägt. Dieses furchtbare Übel, das einen so großen Teil der Werke Gottes verunstaltet, ist die Sünde.

Das, o Gott, ist die Sünde in Deinen Augen. Aber was ist sie im Urteil der Welt? Nur ein sehr kleines Übel oder überhaupt keins. In den Augen des Schöpfers hat sie sein ganzes geistiges Werk verdorben, ist sie ein größeres Übel, als wenn die Sterne aus ihrer Bahn getreten wären und den Himmelsraum blind durchirrten, sodass ein neues Chaos entstände. Aber der Mensch, der Schuldige, gibt ihr einen ganz anderen Namen. Er disputiert sie hinweg. Die Welt lacht darüber und ist nachsichtig gegen sie, und gegenüber der ewigen Strafe, die sie verdient, erhebt sie entrüsteten Protest und will lieber Gott selbst leugnen, als die Idee der Hölle zugeben. Die Welt hält die Sünde für eine Art Unvollkommenheit oder Ungehörigkeit, für einen Mangel an Geschmack oder für bloße Schwäche. O meine Seele, betrachte aufmerksam den großen Unterschied zwischen der Auffassung des allmächtigen Gottes und der Welt bezüglich der Sünde! Welcher von beiden willst du anhängen? Dem Urteil Gottes oder dem der Menschen? Hat Gott Recht oder die Kreatur? Ist die Sünde das größte aller Übel oder das kleinste? – Mein Herr und Erlöser, ich zögere nicht. Du bist wahrhaft, „jeder Mensch aber ist ein Lügner". Dir will ich glauben, mehr als der ganzen Welt. Präge mir tief ein die Überzeugung von der ganzen Scheußlichkeit der Sünde; lehre mich sie verabscheuen wie die Pest, wie eine verzehrende Flamme, die alles vernichtet, ja wie den Tod selbst! Lass mich die Waffen gegen die Sünde ergreifen und mich unter Dein Banner flüchten, um sie zu überwinden!

5. Die Hässlichkeit der Sünde

Herr, ich weiß, dass Du vollkommen bist und dass Dir nichts fehlt. Aber ich weiß auch, dass Du die menschliche Natur angenommen hast und vom Himmel herabgestiegen bist, um in dieser Natur alle Leiden zu erdulden und zu sterben. Das ist eine Tatsache, die den Himmel verschleiert und von dieser Erde, die anfangs so schön war, Licht und Glanz genommen hat. Du bist gekommen, o mein Herr, nicht nur um in gewöhnlicher Weise zu leiden, sondern um Unerhörtes und Äußerstes zu erdulden. Aus Deiner Urseligkeit bist Du herausgetreten und hast tausendfaches, schwerstes Leid ertragen. Das ist die Grundtatsache des Evangeliums, das einzige Fundament: Jesus Christus, der Gekreuzigte. Ich weiß es, Herr, und glaube es und stelle es mir ernst vor die Seele.

Warum dieser furchtbare Wandel in der Natur? Hat Gott die Dinge umsonst geschaffen? Nein, meine Seele, das hat die Sünde verschuldet. *Deine* Sünde hat den Ewigen vom Himmel auf die Erde herabsteigen lassen, um hier zu leiden. Daran erkenne ich, wie groß das Übel der Sünde ist: Der Tod des unendlichen Gottes ist der einzige Maßstab. Alle Betrübnis des Leibes und der Seele, die er von der Stunde in Gethsemane bis zum Tod erduldet hat, kommen von der Sünde her. Wie furchtbar muss also das Übel sein, das nur durch ein solches Opfer gehoben und durch einen solchen Preis erkauft werden konnte? Daran erkenne ich erst am besten, wie schrecklich die Sünde ist. Sie ist schrecklich, weil alle Übel, von denen die Erde überfließt, von ihr gekommen sind, aber noch schrecklicher, weil sie den Gottessohn an das Holz der Schmach geheftet hat.

Mein lieber Herr und Heiland, wie konnte ich eine Sache so leicht nehmen, die so furchtbare Folgen hat? In Zukunft will ich mit Deiner Gnade mir ernstere und tiefere Gedanken um die Sünde machen als bisher. Toren spielen mit ihr, aber ich will die Dinge in ihrem wahren Lichte sehen. O mein leidender Erlöser, ich habe Deine Schmerzen verursacht. Du bist schön in der ewigen Herrlichkeit Deiner göttlichen Natur, aber schöner bist Du in Deinen Leiden. Deine anbetungswürdigen Eigenschaften sind nicht verdunkelt, sondern erstrahlen in desto wunderbarerem Lichte, je mehr wir Deine Demütigungen betrachten. Darin bist Du noch viel schöner für uns. Gleichwohl will ich nie vergessen, dass die Sünde der Menschen, meine eigene Sünde, diese Demütigung notwendig gemacht hat.

„Meine Liebe ist gekreuzigt worden", und zwar nicht durch einen anderen, sondern durch mich. *Ich* habe dich gekreuzigt, *meine* Sünde hat Dich ans Kreuz geschlagen. O mein Herr, welch furchtbarer Gedanke! Aber ich kann es nicht ungeschehen machen. Was ich jetzt tun kann, ist nur der Hass gegen das, was Deine Leiden verursacht hat. Soll ich es nicht endlich hassen? Soll ich meinen Herrn und Meister nicht endlich so viel lieben, um keinen Feind zu hassen und ganz mit dem zu brechen, was mich von ihm abzieht? Soll ich die Sünde nicht ganz und gar von mir weisen? Um Deiner großen Liebe willen, lehre mich das, mache mich dazu fähig, Herr! Gib mir einen starken, tiefverwurzelten Hass gegen die Sünde!

6. Die Sklaverei der Sünde

Du allein, Herr-Gott, bist stark und heilig. Du bist „der heilige, der starke Gott". Du bist die Heiligkeit und Stärke aller Dinge. Keine geschaffene Natur hat Bestand und Halt in sich selber, sondern fällt zusammen, wenn Du nicht mit ihr bist und sie erhältst. Du, o Gott, bist die Stärke der Engel und der Heiligen im Himmel, der Gerechten hier auf Erden. Kein Wesen hat Heiligkeit oder Stärke außer Dir. Unter diesem besonderen Gesichtspunkte will ich Dich anbeten. Von ganzem Herzen will ich die große Wahrheit begreifen und bekennen, dass Du nicht nur allmächtig bist, sondern dass außer Dir keine Macht und Stärke existiert. Mein Gott, Du bist die Stärke aller Geister. Du bist auch meine Stärke. Wie wahr ist es doch – es gibt nichts Wahreres –, dass ich nur in Dir stark bin. Ich fühle es tief, o mein Gott, dass ich versinke, wenn ich einen Augenblick mir selbst überlassen bin. So sicher der Stein, den die Hand loslässt, herabfallen muss, so sicher fällt mein Geist und mein Herz, wenn Deine Rechte mich nicht hält. Wenn Du mich verlässt, bin ich verloren. Wie seltsam und wie wahr ist es doch, dass meine natürliche Neigung zur Trägheit, zu Ausschreitung, zur Vernachlässigung der Religion und des Gebetes, zur Weltliebe, nicht zur Liebe Gottes, zu Heiligkeit und Selbstbeherrschung drängt! Ich billige und lobe, was ich *nicht* tue. Mein Herz geht den Eitelkeiten dieser Welt nach, es strebt nach Verfall und Auflösung und schließlich nach dem Tode, weitab von Dir, dem unsterblichen Gotte.

Herr, ich habe genug erfahren, wie furchtbar die Sklaverei der Sünde ist. Wenn Du ferne bist, dann kann ich mich nicht bewahren. So sehr ich es wünschte; ich verfalle meinem Eigenwillen und Stolz, meiner Empfindlichkeit und Selbstsucht; und sie nehmen von Tag zu Tag zu, bis sie unwiderstehlich geworden sind. Der alte Adam wird immer stärker in mir und macht mich schließlich zum Sklaven. Ich kenne viele üble Dinge und tue sie doch und beklage mich am

Ende bitter darüber, dass ich ihr Sklave geworden bin und nicht mehr mit ihnen brechen kann. O, welche Tyrannei übt doch die Sünde! Eine schwere Last liegt auf meinen Schultern, und ich werde schwach und schwächer. Welches wird das Ende sein? Um Deiner kostbaren Verdienste und um Deiner Allmacht willen bitte ich Dich, o mein Herr, gib mir Leben, Heiligkeit und Stärke! Heiliger Gott, lass mich heilig werden! Starker Gott, lass mich stark werden! Unsterblicher Gott, lass mich beharrlich werden! Heiliger, starker, unsterblicher Gott, erbarme Dich meiner!

7. Jede Sünde hat ihre eigene Strafe

Du, o Gott, weißt alles und siehst alles. Deine Blicke sind auf alles gerichtet. Alles, was im Weltall geschieht, geschieht unter Deinen Augen. Du bist stets bei mir und siehst alles, was ich denke, hörst alles, was ich sage, weißt alles, was ich tue. „Du, o Gott, siehst mich." Jede Handlung, auch die geringste, jedes Wort, auch das unwesentlichste und unbedachteste, jeder Gedanke meines Herzens, auch der geheimste und ungewollteste, längst vergessene, alles steht vor Dir, Du siehst es und schreibst es ein ins Buch des Lebens, jeden Tag meines Daseins. Ich vergesse, Du aber vergisst nichts. Da ist aufgezeichnet die Geschichte all meiner vergangenen Jahre und meiner zukünftigen bis zum Tode, bis alle Blätter angefüllt sind und das Buch zu Ende ist. „Wo soll ich hinfliehen vor Deinem Geiste?" Ich bin ganz und gar in Deiner Hand, o Herr.

Wie oft, mein Gott, habe ich Böses getan und wie selten Gutes! Die Taten meiner Tage bilden eine dunkle Masse. All meine Beleidigungen, Nachlässigkeiten, Sünden sind aufgezeichnet in Deinem Buche, und jede von ihnen hat ihre bestimmte Strafe. Diese Strafliste wächst, still, aber sicher, von Tag zu Tag. Wie der Verschwender schließlich unter der Last seiner Schulden, die täglich wachsen, zusammenbricht, so bin ich bedroht durch die immer größere Anhäufung der Strafen, die meiner warten. Ich vergesse die Sünden meiner Kindheit und meiner Jugend, aber sie sind alle aufgezeichnet in dem großen Buche. Da ist die vollständige Geschichte meines ganzen Lebens, und eines Tages wird sie gegen mich eröffnet werden. Nichts ist verloren, alles ist notiert. O meine Seele, wann wirst du diese furchtbare Prüfung zu bestehen haben und welches wird das Ergebnis sein? Ich habe die Schuld und Strafe von vielen tausend Sünden auf mich geladen. Ich werde in den Reinigungsort geschickt werden, wer weiß, wie lange, und wann werde ich erst herauskommen? Nicht eher, als bis der letzte Heller bezahlt ist, und wann wird das möglich sein?

O mein teurer Erlöser, habe Mitleid mit mir! Ich vertraue, dass Du mir die Sünden verziehen hast, aber es bleibt die Strafe. Trotz Deiner Liebe zu mir und obwohl ich Dir gehöre, wirst Du mich ins Fegfeuer senden. Dort werde ich meine Sünden in ihrer Strafe wiederfinden. Dort werde ich leiden; hier aber ist die Zeit tiefer Reue, hier ist die Zeit der guten Werke, um Vergebung zu erlangen und die Schuldenlast auf jede Weise zu tilgen. Die Heiligen, obwohl ohne Sünden in den Augen der Menschen, hatten in Wirklichkeit vor Dir eine große Rechnung und beglichen sie durch beständige Prüfungen. Ich habe weder ihre Verdienste noch ihre Leiden. Ich weiß nicht einmal, ob ich die Kraft hätte, solche Liebesakte zu verrichten, die notwendig wären, um Verzeihung meiner Sünden zu erlangen. Mein Ausblick ist düster, ich kann nur auf Dein unendliches Leiden vertrauen. O mein teuerster Erlöser, Du hast so vielfach Mitleid mit mir bewiesen, habe jetzt Erbarmen, sei gnädig in Deiner großen Barmherzigkeit!

V. Die Macht des Kreuzes

O mein Gott, wer könnte sich durch das bloße Licht der natürlichen Vernunft denken, dass eine Deiner Vollkommenheiten darin bestehe, Dich selbst zu erniedrigen und Deine Pläne durch eigene Leiden zu verwirklichen? Von Ewigkeit her lebtest Du in unaussprechlicher Freude. Wohl kann ich begreifen, dass, als Du die Schöpfung begannest und Dich mit einem All umgabst, gewisse Eigenschaften in Dir offenbar wurden, die ohne das nicht in Erscheinung getreten wären. Du konntest Deine Allmacht nicht zeigen, ohne einen Gegenstand, an dem Du sie ausübtest. Damals begannest Du auch Deine wunderbare und zarte Vorsehung, Deine Treue und sorgenvolle Liebe für Deine Geschöpfe zu offenbaren. Aber wer könnte sich vorstellen, dass Deine Schöpfung auch eine solche Erniedrigung in sich schließe oder notwendig mache! O großer Gott, wie sehr hast Du Dich verdemütigt, dass Du unser Fleisch und Blut angenommen und das Holz des Kreuzes Dir als Todesbett erwählt hast! Ich lobe und benedeie Dich viel mehr, weil Du Deine Allmacht in der Tiefe Deiner Leiden offenbart hast, als wenn das nicht nötig gewesen wäre. Es entspricht Deiner unendlichen Größe, all unsere Gedanken so zu übertreffen.

Herr Jesu, ich glaube und will mit Deiner Gnade immer glauben und bekennen, ich weiß, dass es wahr ist und bis zum Ende der Welt immer wahr bleiben wird, dass nichts Großes in der Welt geschieht ohne Leiden und Verdemütigung und dass alles durch diese Mittel möglich ist. Ich glaube, o mein Gott, dass Armut besser ist als Reichtum, Schmerz besser als Vergnügen, Verachtung besser als Ehre, eine niedrige und ansehnliche Stellung besser als Glanz und Ruhm. Herr, ich bitte Dich nicht um Verhängung dieser Prüfungen, denn ich weiß nicht, ob ich sie ertragen könnte; aber ich will wenigstens glauben, dass es wahr ist, mag Glück oder Unglück mir beschieden sein. Ich will mein Vertrauen nicht auf Reichtum, Ehre, Ansehen, Macht setzen. Ich will mein Herz nicht an die Erfolge und Vorteile dieser Welt hängen. Ich will mir auch nicht wünschen, was die Menschen Lebensgüter nennen. Mit Deiner Gnade will ich vielmehr die schätzen, die man übersieht und verachtet, die Armen achten, die Leidenden verehren, Deine Bekenner und Heilige bewundern und meinen Anteil unter ihnen in Verachtung der Welt suchen.

Schließlich, o mein Herr, wenn ich auch so schwach bin, dass ich das Leiden nicht als ein Gut erflehen kann, und nicht die Kraft hätte, es zu tragen, so bitte ich Dich doch wenigstens um die Gnade, das Leiden in der rechten Weise anzunehmen, wenn Du in Deiner Weisheit und Liebe es mir schicken willst. Möge ich Schmerz, Spott, Verachtung, Schmach, Angst und Unsicherheit so ertragen, wie Du, mein Jesus, es von mir erwartest und wie Du durch Dein eigenes Leiden es mich gelehrt hast! Ich verspreche Dir mit Deiner Gnade, dass ich mich niemals mehr hervortun will, dass ich keine besondere Stellung suchen und auch keine Größe vor der Welt erwerben, sondern hinter anderen zurückstehen und unbeachtet bleiben will. Ich wünsche Unrecht und Beleidigung demütig zu ertragen und Böses mit Gutem zu vergelten. In allem möchte ich mich verdemütigen, auf böse Worte nur mit Schweigen antworten und Geduld im Kummer bewahren, wenn das Leiden sich hinzieht; alles das aus Liebe zu Dir und Deinem Kreuze und in dem Bewusstsein, dass ich auf diese Weise die Verheißungen des ewigen Lebens verdienen werde.

VI. Die Auferstehung

1. Tempel des Heiligen Geistes

Ich bete Dich an, o ewiges Wort, in Deiner gnadenvollen Herabkunft, in der Du nicht nur eine geschaffene Natur, Geist und Seele, sondern auch einen körperlichen Leib angenommen hast: Der Allmächtige wollte sich für immer in einer geschaffenen Zelle einschließen. Derjenige, der von Ewigkeit her stets ein reiner, unbegreiflicher Geist war und nur das Gesetz seiner eigenen, erhabenen Größe in sich trug, wollte auf ewig in der innigsten Weise mit dem verbunden sein, was den Armseligkeiten der Natur unterliegt. Deine Allmacht, Herr, schützt sich stets selber, aber auch nur Deine Allmacht konnte Dich so ohne inneren Verlust herabsteigen lassen. Dein Leib hatte weniger Anteil an

Deiner Macht als Du an seiner Schwäche. Aus diesem Grunde musstest Du auferstehen, wenn Du sterben solltest, weil Dein Leib, einmal von Dir in Besitz genommen, nicht mehr von Deiner Gottheit getrennt werden konnte, nicht einmal im Grabe. Auch da war er Dein Leib und konnte nicht der Verwesung anheimfallen. Er durfte nicht in der Gewalt des Todes bleiben, nachdem Du ihn Dir in so wunderbarer Weise zu eigen gemacht. Was Dein ist, muss vollkommen bleiben. Ich bete Dich in diesem heiligen Leibe an, der das Mittel unserer Erlösung geworden ist.

Ich betrachte Dich, Herr, und schaue Deinen heiligen Leib in seiner Verklärung als das Unterpfand meiner eigenen Auferstehung. Ich muss zwar sterben, nichts ist sicherer als das, aber ich werde nicht für immer sterben; mein Geist wird leben und mein Fleisch auferweckt werden. Die Heiden, die Dich nicht kannten, hielten den Leib für elend und nichtig, für den Sitz, die Ursache und Entschuldigung aller moralischen Übel. Ihre höchsten Begriffe von einem zukünftigen Leben und die notwendige Bedingung zu einer höheren Existenz war die Vernichtung des Körpers. Dass der Leib in Wirklichkeit ein Teil ihrer selbst und seine Wiederherstellung nach dem Tode eine unverdiente Gnade sein werde, ging über ihre Begriffe hinaus. In Wahrheit, welcher menschliche Geist hätte ohne eine besondere Offenbarung denken können, dass dieser Leib, der nach unserer Erfahrung so armselig, niedrig, sinnlich und sündhaft ist, der Bruder der Tiere und voll von Verderbnis, der schließlich Staub und Asche werden soll, dass dieser Leib von sich aus einer so hohen Bestimmung fähig sei, himmlisch und unsterblich zu werden und doch Körper zu bleiben! Nur Du, Allmächtiger, konntest das möglich machen. Ich wundere mich nicht, dass die Weisen dieser Welt, die nicht an Dich glauben, über Deine Auferstehung lächeln. Aber mit Deiner Gnade will ich Deine Lehre, die so verschieden ist von der der Welt, stets meinem Geiste gegenwärtig halten. O mein einziger, bester und wahrhafter Meister, Du bist die Wahrheit; ich weiß und glaube von ganzem Herzen, dass dieses Fleisch, in dem ich lebe, wieder auferstehen wird. Ich weiß, dass es trotz seiner Hässlichkeit und Niedrigkeit, in der es heute ist, eines Tages, wenn ich dessen würdig bin, schön und unverderblich und verklärt sich erheben wird. Ich weiß es und will mit Deiner Gnade es nicht mehr vergessen.

Lehre mich leben, wie der leben muss, der an die große Würde und Heiligkeit der körperlichen Hülle glaubt, in die Du uns hineingesetzt hast! Teuerster Erlöser, um teilzuhaben an Deiner unaussprechlichen Heiligkeit und durch sie immer heiliger zu werden, komme ich so oft zu Dir, um mich mit Eifer an Deinem Fleisch und Blut zu nähren. Ich weiß, es steht geschrieben, dass unsere Leiber Tempel des Heiligen Geistes sind. Soll ich nicht ehren und achten, was

Du so wunderbar nährest und der Gottesgeist zur Wohnung sich erkoren?

O mein Gott, der Du am Kreuze erhöht wurdest, „durchbohre mein Fleisch mit Deiner Furcht", kreuzige meine Seele und meinen Leib in allem, was sie Sündhaftes an sich haben, und mache sie rein wie Du bist!

2. Gott allein

Ich bete Dich an mit Thomas, „mein Herr und mein Gott", und wenn ich, wie er, früher durch Unglaube gesündigt habe, so bete ich Dich jetzt desto tiefer an. Ich bete Dich an, weil Du allein anbetungswürdig und glorreich bist, besonders in Deiner Erniedrigung, in Deiner Verachtung durch die Menschen und in Deiner Verehrung durch die Engel. „Mein Gott und mein Alles." Dich besitzen heißt alles besitzen, was ich besitzen kann. Ewiger Vater, gib mir Dich selbst. Ich würde eine so kühne Bitte nicht wagen und sie wäre eine Vermessenheit von meiner Seite, wenn Du mich nicht dazu ermutigt und das Wort mir in den Mund gelegt hättest. Du hast Dich mit unserer Natur umkleidet, bist mein Bruder geworden, des Todes gestorben, wie die anderen Menschen, nur auf unvergleichlich furchtbarere Weise, damit wir nicht von Ferne furchtsam Dich anzuschauen brauchen, sondern uns vertrauensvoll Dir nahen können. Du sprichst mit mir, wie Du mit Thomas gesprochen hast, und winkst mir, Dich zu berühren, wie er es getan hat. Mein Gott und mein Alles, was könnte ich mehr sagen, wenn ich eine ganze Ewigkeit sprechen sollte? Mein Herz ist voll und fließt über von allem Guten, wenn ich Dich besitze. Aber ohne Dich bin ich nichts, ich verwelke, zerfalle und gehe zugrunde. Mein Herr und mein Gott, gib mir Dich selbst und sonst nichts!

Thomas kam und berührte Deine heiligen Wunden. O, wann wird jemals der Tag kommen, an dem es mir vergönnt sein wird, sie wahrhaft und sichtbar zu küssen? Welcher Tag wird das werden, wenn ich einst, gereinigt von aller Sünde und aller Unlauterkeit, würdig geworden bin, mich Dir, dem menschgewordenen Worte, da droben in dem Haus des Lichtes zu nahen! Welch strahlender Morgen, wenn ich einst meine ganze Schuld des Strafleidens bezahlt und Dich zum ersten Mal mit meinen Augen sehen, Dein Gesicht betrachten, ohne Zittern in Deine Augen schauen, Deine mitleidsvollen Lippen sich öffnen sehen darf, wenn ich mit Freudeschauern mich niederknien und Deine Füße küssen kann und schließlich in Deine Arme aufgenommen werde! Dir, dem einzig Geliebten meiner Seele, will ich jetzt und immerdar allein mich hingeben, um da drüben ganz Dein und Du ganz mein sein zu können. O herrlicher Tag der Ewigkeit, ohne Grenzen und ohne Enden, von dem ich jetzt noch so entfernt bin, während ich in diesem Todesleib wandle und durch tausend Gedanken gequält und zerstreut werde, von denen jeder mir den Himmel für immer verschließen könnte: Wann flammst Du vor mir auf? Wenn Tod und Sünde überwunden sind, wenn ich würdig bin, vor Deinem Richterstuhl zu erscheinen, fähig, Deinen Blick zu ertragen, Deine Gegenwart auszuhalten, ohne Zittern der Prüfung auf Herz und Nieren mich zu unterziehen und schließlich neben den Engeln und Erzengeln Platz nehmen zu können!

Ich bin zwar nicht würdig, dahin zu gelangen, Dich zu schauen und zu berühren; aber ich will mich Dir in Demut immer mehr nähern, um das zu erstreben, was mir dennoch versagt ist. Du, mein Erlöser, bist auch mein Gott, der einzige Herr meiner Seele. Ich will alle Götzenbilder in meinem Herzen zerbrechen. Nur Jesus, und diesen als den Gekreuzigten, habe ich mir erkoren. *Mein Leben soll nur ein Gebet zu Dir,* ein Opfer für Dich, ein Wandel in Deiner Gegenwart, eine volle Hingabe an Dich in der heiligen Gemeinschaft des Brotbrechens sein.

3. Jesu Geduld

„Seht meine Hände!
Habt Ihr etwas zu essen?“

Ich bete Dich an, o mein Herr, in Deiner wunderbaren Geduld und in Deiner zart mitfühlenden Herablassung: Deine Jünger wurden trotz Deiner Lehren und Deiner Wunder im Glauben wankend, flohen, als sie Dich zum Tode gehen sahen, fanden auch keinen Mut mehr, vergaßen, dass Du Deine Auferstehung für den dritten Tag vorausgesagt hattest, und glaubten nicht einmal Magdalena und den anderen Frauen, als diese Dich gesehen hatten. Gleichwohl bist Du ihnen nachher erschienen, zeigtest ihnen Deine Wunden, ließest sie dieselben berühren, aßest mit ihnen und schenktest ihnen den Frieden. Gibt es, o Jesu, eine Widerspenstigkeit, die zu groß wäre für Deine Liebe? Kann die Anzahl der Fälle und Rückfälle die Geduld und Langmut Deines Leidens überwinden? Du vergibst nicht nur siebenmal, sondern siebzig mal siebenmal. Keine Wasserflut vermag eine Liebe wie die Deine auszulöschen. Und so bist Du überall auf der ganzen Erde bis zum Ende der Zeiten: vergebend, schonend, ertragend, wartend, wenn die Sünder Dich auch noch so sehr herausfordern. Du entschuldigst in Mitleid ihre Unwissenheit, schenkst allen, auch Deinen Feinden, Tag für Tag, Jahr für Jahr bis zur letzten Stunde den süßen Zuspruch

Deiner Gnade. Denn Du kennst unser Innerstes, Du weißt, dass wir Staub sind.

Was hast Du alles für mich getan, o Gott! Die Menschen nennen Deine Gerichte streng und Deine Strafen überhart; aber das kann ich nicht von mir sagen. Andere mögen für sich sprechen, und Du wirst sie am Tage des Gerichtes zu ihrer Schande eines Besseren belehren; ich habe nichts mit ihnen zu schaffen; meine Erfahrung ist eine ganz andere und ich bezeuge sie hier feierlich, dass Du gegen mich nur Güte und Barmherzigkeit gewesen bist. Wie oft habe ich mich gegen Dich erhoben, und immer hast Du mir verziehen, wieder und wieder mir Deine Hilfe zuteilwerden lassen. Ich falle und Du hebst mich immer wieder auf. Trotz meiner Sünden liebst Du mich unverwandt, tröstest mich, überschüttest mich mit Wohltaten, leitest und schützest mich auf harten Pfaden; ich betrübe Deine Gnade, und Du gibst sie immer weiter in erhöhtem Maße. Ich beleidige und verletze Dich, Du aber tust mir nur Gutes geradeso, als wenn ich nichts zu bereuen, zu büßen, wiedergutzumachen hätte, als wenn ich Dein bester und treuester Freund, Dein aufrichtiger Sachwalter wäre. Ja, ich sündige sogar auf Deine Liebe hin, als wenn sie nur schwächliche Nachgiebigkeit wäre, während sie mir in Wirklichkeit doch nur Furcht einflößen müsste. Ich bekenne es, Herr, jeder Tag ist nur ein neues Denkzeichen Deiner grenzenlosen, unbesieglichen Liebe.

Dulde, ertrage mich trotz meiner Undankbarkeit, Verdorbenheit und Untreue! Ich mache so unendlich langsam Fortschritte, aber ich versuche doch wenigstens voranzuschreiten. Ich habe Dich trotz meiner Sünden stets vor Augen und denke ernstlich, meine Seele zu retten. Gib mir Zeit, meine Gedanken zu sammeln und einen guten Anfang zu machen! Ich will diese Trägheit und Lauheit, die Traurigkeit und Verzagtheit ablegen, ich will aufwachen und fröhlich sein, weil ich in Deinem Lichte wandle. Auf Dich allein will ich hoffen und in Dir allein mich freuen. Gib mir nur Deine Gnade; mit ihr will ich alles tun, was ich kann, und Du wirst es in mir vollenden. Dann werde ich in Deiner Gegenwart, in der Betrachtung und Anbetung Deiner heiligen fünf Wunden frohe Tage haben.

VII. Gott mit uns

1. Der Vertraute der Seele

Johannes der Täufer hatte sich als Nazaräer von der Welt getrennt und sich über sie erhoben, um von der Höhe seines Standpunktes zu ihr zu sprechen und sie zur Buße aufzurufen. Ganz Jerusalem ging damals hinaus in die Wüste und trat ihm Aug in Auge gegenüber, aber er verkündigte Einen, der nach ihm kommen und in ganz anderer Weise zu ihnen sprechen werde. Er werde sich nicht von ihnen trennen und nicht als ein höheres Wesen auftreten, sondern wie ihr Bruder zu ihnen kommen, als ihr eigenes Fleisch und Blut; er werde unter die Menge, gehen und sich als einer von ihnen offenbaren. Ja, er war schon mitten unter ihnen, aber sie erkannten ihn nicht. Und sie nannten ihn den Menschensohn. Er wollte, obwohl Gottessohn, in jeder Beziehung als gewöhnlicher Mensch betrachtet werden. Johannes und die Synoptiker heben trotz ihrer sonstigen Verschiedenheiten gerade diesen Zug besonders hervor. Der Täufer hatte gesagt: „Es ist einer in eurer Mitte, den ihr nicht kennt.“ Dann weist er besonders auf Jesus hin, nicht vor der Menge; sondern nur in Gegenwart von ein oder zwei seiner Schüler, und als sie Jesum sahen, folgten sie ihm nach. Schließlich begann Jesus selber seine Herrlichkeit durch Wunder zu offenbaren, und zwar zunächst bei einer Hochzeit, wo so oft Ausschreitungen zu geschehen pflegen, indem er gerade die Ursache der Ausschreitungen, nämlich den Wein, neu beschaffte. Er wohnte dieser Hochzeit nicht als Meister und Lehrer, sondern als Gast in Begleitung seiner Mutter, als Glied seiner Familie bei. Es heißt darum im Matthäusevangelium: „Johannes kam, er aß nicht und trank nicht, und sie sagten, er hat den Teufel“ der Menschensohn kommt, isst und trinkt, und sie sagen, er ist ein Fresser und ein Säufer." Johannes mag gehasst worden sein, aber er wurde geachtet; Jesus wurde verachtet. (Vgl. Mt 1,22, 27, 37; 3,21, wie das Volk über ihn erstaunt war und ihm grob begegnen zu dürfen glaubte; ferner 2,16.) Es sollte ein besonders hervorstechender Charakterzug des Herrn und seiner Mission betont werden, darum haben zwei voneinander unabhängige Evangelisten diese Tatsache berichtet; auch der Prophet Isaias (Kapitel 55) hatte das Gleiche vorausgesagt.

Du hast, o Herr, diese Art und Weise gewählt aus Liebe zu der menschlichen Natur, die Du erschaffen hast. Du liebtest uns nicht nur als Deine Geschöpfe, als Werke Deiner Hände, sondern auch als Menschen, deren Bruder Du geworden bist. Mehr als alle Geschöpfe liebst Du das Menschengeschlecht. Warum wohl? Was gibt es Besonderes im Menschen? „Was ist der Mensch, dass Du seiner gedenkst?" Und dennoch „hast Du keinen Engel genommen". Wer kann die Tiefe Deiner Ratschlüsse ergründen? Du hast den Menschen mehr geliebt als die Engel, denn Du hast nicht die Engelsnatur angenommen, um unser Heil zu wirken; Du hast keine größere Macht und keine höhere Stellung annehmen wollen, als das gewöhnliche Menschenleben sie mit sich bringt. Du hast weder als Nazaräer noch als Priester oder Levit, noch als Mönch oder Einsiedler, sondern nur in der Fülle und Gleichförmigkeit unserer menschlichen Natur kommen wollen, weil Du gerade sie so sehr geliebt hast. Du wolltest nicht als vollkommener, fertiger Mann, sondern als natürliches Menschenkind erscheinen, nicht neu gebildet aus Erde oder mit einem geistigen Leibe, wie Du ihn jetzt besitzest, sondern in demselben Fleische, das in Adam gefallen ist, mit allen unseren Schwachheiten, Gefühlen und Trieben, mit allem, was menschlich ist, die Sünde ausgenommen.

Es ziemte sich für Dich als dem großen Gotte, Dein Werk, das der Vater Dir aufgetragen, so reich und überfließend zu erfüllen, wie Du es getan hast. Du hast es nicht halb verrichten wollen, und gerade diese Größe des Opfers ist ebenso Dein Ruhm als Gott wie unser Trost und unsere Versöhnung als Sünder. Teuerster Erlöser, Du bist mehr Mensch als Johannes der Täufer oder der Evangelist, sogar mehr als Deine liebe, heilige Mutter. Nach der göttlichen Kenntnis, die Du von mir hast, übertriffst Du sie alle durch die innerste Erfahrung. Du bist mein älterer Bruder. Wie sollte ich mich fürchten und mein Herz nicht ganz dem anvertrauen können, der so lieb, zartfühlend, vertraut, ernst, bescheiden, demütig, natürlich ist? Du bist jetzt trotz Deiner Himmelsglorie derselbe, der Du auf Erden warst: der allmächtige Gott und doch ein schwaches Kind – der Allheilige und doch der Ganzmenschliche.

2. Jesus, der verborgene Gott

„Sei nicht ungläubig, sondern gläubig!"

Ich bete Dich an, o mein Gott, der Du in Deiner unsichtbaren Verborgenheit fast furchterregend bist. Ich bete Dich an und möchte ganz aus dem Glauben an das Unsichtbare leben. Wenn ich mich betrachte als das, was ich bin, ein Enterbter und Ausgestoßener, dann empfinde ich es als eine besondere Gnade, Dich, den unsichtbaren Herrn und Gott, anbeten zu dürfen. Ich weiß, dass die Sünde eine Scheidewand zwischen Dir und mir aufgerichtet hat, dass ich durch die Sünde in die Strafe der Unwissenheit gefallen bin. Adam hatte vor dem Sündenfalle Verkehr mit den Engeln. Auch Deine Heiligen, die vereint mit Dir leben, schauen Dich von Angesicht zu Angesicht in unmittelbarer Berührung. Aber was kann für einen Sünder wie mich anders übrig bleiben, als an Dich zu glauben und Dich anzubeten, ohne Dich zu sehen! Müsste ich mich eigentlich nicht freuen, dass mir wenigstens der letzte Beweis Deiner Gnade, Dich unsichtbar zu besitzen, geblieben ist! Infolge der Sünde ist das Leben des Glaubens das höchste, was ich erreichen kann, und ich muss glücklich sein, einem Leben des Schauens und der Wirklichkeit entgegenzugehen und seine Sicherheit erkennen zu können. Der einzige Weg, auf dem es möglich ist, in dieser Welt mich Dir zu nahen, ist der Glaube an das, was Du gesagt hast, und dankbar will ich den Weg gehen, den Du mir gewiesen.

O mein Gott, Du fließest über von Barmherzigkeit! Aus dem Glauben zu leben, ist nach meinem gegenwärtigen Stande mir Notwendigkeit durch die Sünde, und Du hast Deinen Segen darüber gesprochen. Du hast seliggepriesen, die nicht sehen und doch glauben. Verleihe mir dieses Glück, verleihe mir es in Fülle! Lass mich glauben, als ob ich Dich sähe; lass mich Dich stets vor Augen haben, als wenn Du leibhaftig und fühlbar vor mir ständest! Lass mich stets in lebendiger Gemeinschaft mit Dir, dem verborgenen und doch so lebendigen Gotte, sein. Du bist im Innersten meines Herzens, der Kern meines Lebens. Jeder Hauch meiner Brust, jeder Gedanke meines Geistes, jedes gute Streben meines Herzens kommt von Deiner unsichtbaren Gegenwart in mir. Durch Natur und Gnade wohnst Du in meinem Innern. In der Körperwelt sehe ich Dich nur dunkel, aber im Innersten meines Gewissens vernehme ich deutlich Deine Stimme. Darauf will ich horchen und zu Dir sprechen mit der Büßerin: Meister! Sei Du stets so mit mir, und wenn ich versucht bin, Dich zu verlassen, dann verlasse Du mich nicht, o mein Gott.

O mein teuerster Erlöser, ich möchte so gern Dir Genugtuung leisten für allen Unglauben der Welt, für alles Unrecht, das Deinem Namen, Deinem Worte, Deiner Kirche und Deinem Sakrament der

Liebe zugefügt wird, wenn ich nicht selbst noch eine so große persönliche Schuld des Unglaubens und der Undankbarkeit zu begleichen hätte. Du bist im Opfer der heiligen Messe und im Tabernakel wahrhaft und wirklich, mit Fleisch und Blut gegenwärtig, aber die Welt glaubt es nicht und lacht sogar über diese gnadenvolle Wahrheit. Du hast uns einst selbst und durch Deine Apostel gesagt, dass Du Dich vor der Welt verbergen wolltest. Diese Vorhersagung ist jetzt mehr denn je erfüllt. Aber wenn auch die Welt nichts davon wissen will, so nimm statt ihrer meine Huldigung und Anbetung entgegen! Lass mich doch nie in dieser Pflicht erlahmen! Andere kann ich nicht an der Sünde hindern, aber, wenigstens einer von denen, die mit Deinem Blute erkauft sind, will Dich mit lauter Stimme alle Tage seines Lebens preisen. Je mehr die Menschen Dich verachten, umso fester will ich an Dich glauben, o guter Jesus, Du verborgener Gott meiner Seele, der mir vom ersten Augenblicke an nur Wohltaten erwiesen hat.

3. Jesus, das Licht der Seele

„Herr, bleibe bei uns,
denn es will Abend werden.“

Ich bete Dich an, o mein Gott, als das wahre und einzige Licht. Von Ewigkeit her, vor aller Kreatur warst Du, aber nicht allein, sondern in einem wunderbaren dreifaltigen Leben. Du warst und bist das unendliche Licht, das sich selbst erleuchtet und betrachtet. Der Vater sah dieses Licht im Sohne und der Sohn im Vater. In unendlicher Fülle, einzig und allein in Dir selber lebst Du von Ewigkeit zu Ewigkeit in Deiner Urseligkeit und Schöne. Deine göttlichen Eigenschaften sind nur Strahlen des Gesamtlichtes, das aus Deinem Wesen hervorgeht, jede vollkommen in ihrer Art und eigenen Reinheit, als ob sie die einzige und höchste Vollkommenheit wäre. Alles Erschaffene ist vor Dir nur dunkel, und das Licht der Engel ist vor Deinem Lichte nur armer Schatten. Sie verblassen und verschwinden vor Deiner unnennbaren Größe. Aus sich könnten sie Dich nicht einmal anschauen. Die höchsten Seraphim bedecken ihr Antlitz mit den Flügeln und verkünden durch Wort und Tat Deine unbegreifliche Glorie. Ich kann nicht einmal die irdische Sonne anschauen und werde geblendet, obwohl sie nur ein armes, körperliches Symbol Deiner Ursonne ist. Sogar den Anblick eines Engels könnte ich nicht ertragen; wie könnte ich Dich anschauen und leben? Wie Gras müsste ich verdorren, wenn ich der Glut Deines Antlitzes unmittelbar ausgesetzt wäre. O gnadenvoller Gott, wie soll ich mich Dir nahen? Und dennoch kann ich ohne Dich nicht leben.

Wie könnte ich fern von Dir, dem einzigen Licht meiner Seele, der Leuchtkraft des Universums, existieren? Du erleuchtest jeden Menschen, der in diese Welt kommt. Ohne Dich bin ich in völliger Finsternis, im Dunkel der Hölle. Ich verwelke und verdorre, wenn Dein Licht mir nicht leuchtet. Ich lebe wieder auf, soweit Du Dein Licht mir wieder zugänglich machst. Du kommst und gehst nach Deinem Willen! O Gott, ich kann Dich nicht zurückhalten, ich kann Dich nur bitten zu bleiben. „Herr, bleibe bei uns, denn es will Abend werden." Bleibe bis zum Morgen und gehe nicht, bis dass Du mich segnest! Bleib bei mir bis zum Tode in diesem Tal der Schatten, bis zu dem Augenblick, da die Nebel sich zerteilen und die Sonne des ewigen Morgens durchbricht! Bleibe, Du süßes Licht meiner Seele, denn es wird Abend. Ein beängstigendes Dunkel befällt meine Seele. Ich bin nichts und habe auch so wenig Gewalt über mich. Ich kann nicht tun, was ich möchte, und bin darum so traurig und trostlos. Etwas fehlt mir, und ich weiß nicht, was. Meine Seele ruft nach Dir, sie bedarf Deiner, auch wenn sie es nicht begreift. Ich glaube es und will es immer mehr begreifen lernen. Leuchte Du in mir, „Du leuchtend Feuer, das nie erlischt", dann werde ich beginnen, mit und in Deinem Lichte das wahre Licht zu sehen und Dich als die Quelle alles Lichtes zu erkennen. Bleibe bei uns, liebster Jesu, und weiche nicht von uns in der Stunde der Trübsal! Gerade im Altern und Verfallen meiner Natur schenke mir mehr Gnaden!

Bleibe bei mir, und ich will anfangen, selbst Licht zu werden und andere zu erleuchten! Alles Licht kommt von Dir, von mir nur Dunkelheit. Du willst andere in mir erleuchten. O könnte ich Dich so verherrlichen, wie Du es am meisten liebst, indem ich alle diejenigen erleuchte, die mich umgeben. Gib auch ihnen das Licht wie mir; erleuchte sie in mir und durch mich! Lehre mich Dein Lob, Deine Wahrheit und Deinen Willen verkünden! Lass mich wortlos, aber durch mein Beispiel und durch die hinreißende Kraft der Taten, durch die sichtbare Ähnlichkeit mit Deinen Heiligen die beseligende Fülle Deiner Liebe, die mein Herz erfüllt, allen begreiflich machen!

VIII. Gott, der Allgenügende

„Zeige uns den Vater, und das genügt …"
„Philippus, wer mich sieht, sieht auch den Vater."

Der Sohn ist im Vater und der Vater im Sohn. O erhabenes Geheimnis der Ewigkeit, ich bete Dich, den unbegreiflichen Schöpfer, vor dem ich nur ein Atom, eine Eintagsfliege bin, in tiefster Demut an. Wenn ich einige Jahre zurückschaue, da war ich noch nicht, da ging alles seinen Weg ohne mich. Du aber bist von Ewigkeit her, und nichts kann ohne Dich einen Augenblick bestehen. Von Ewigkeit her hast Du Deine göttliche Natur besessen, hat der Sohn im Vater und der Vater im Sohne gelebt. Ob wir leben oder nicht, ob die ganze Welt existiert oder nicht, Du bist Dir stets allgenügend, der Sohn dem Vater und der Vater dem Sohne; alles andere ist in sich nur Tand und Eitelkeit. Es gab eine Zeit, da die Dinge nicht waren, und sie könnten auch jetzt nicht sein. Du hättest genug, wenn der Vater den wesensgleichen Sohn umarmt und der Sohn im Schoße des Vaters lebt und diese gegenseitige Liebe im Heiligen Geiste lebendig ist. O anbetungswürdiges Geheimnis! Die menschliche Vernunft hätte mich nicht dazu geführt; aber ich glaube es, glaube, weil Du es gesagt hast. Freudig nehme ich Dein Wort an, denn Du musst wissen, was Du bist; ich sicher nicht. Wie sollte Staub und Asche die ewige Wahrheit und Liebesfülle in ihrem innergöttlichen Leben erkennen, wenn Du es nicht offenbarst? Ich nehme also Dein Zeugnis an und glaube fest, auch wenn ich es nicht verstehe, denn ich will ein Leben des Glaubens führen und ziehe den Glauben an Dich dem Vertrauen auf mich selber vor.

Großer Gott, von Ewigkeit her genügst Du Dir selber, der Vater dem Sohne und der Sohn dem Vater. Wie solltest Du mir, der armen Kreatur, nicht genügen, Du, der Große, mir, dem Kleinen! In doppelter Weise kannst Du mir genügen im Vater und im Sohne, und ich wiederhole mit dem heiligen Philipp: „Zeige uns den Vater, und das genügt." Es genügt in überreichem Maße, wenn wir Dich besitzen. Stärke mich, Du starker Gott, mit Deiner Kraft, tröste mich mit Deinem süßen Frieden, richte mich auf durch die Schönheit Deines Antlitzes, erleuchte meine Seele mit dem Glanze Deines ewigen Wesens, reinige mein Herz durch den Duft Deiner unaussprechlichen Heiligkeit! Bade mich in Dir, gib mir, soviel ich zu fassen vermag, an den Strömen Deiner Gnade zu trinken, die in Deinem dreifaltigen Leben fließen!

Lass mich, o Gott, niemals die Wahrheit vergessen, dass Du mein Leben, mein einziges Leben bist! Du bist der Weg, die Wahrheit und das Leben. Du bist mein Leben und das Leben aller Menschen, all derer, die ich kenne, denen ich begegne, die ich sehe und von denen ich höre; alle leben sie nur in Dir und durch Dich; ohne Dich wären sie nichts. Niemand kann außer Dir das Heil finden. Lass mich das nie in den Geschäften dieses Lebens vergessen! Gib mir eine wahre Liebe zu den Seelen, für die Du in den Tod gegangen bist! Lass mich für ihre Bekehrung beten und alles, was in mir ist, tun, um ihnen die Wahrheit und Liebe des ewigen Gottes zugänglich zu machen! So scharfsinnig und liebenswürdig die Menschen seien, so hochstehend und feingebildet ihr Geist sei, nur in Deinem Besitze können sie selig werden. Du, o Herr, genügst allein und ganz. Darum ist die Sehnsucht im Menschen eine unstillbare, darum kann nichts Irdisches, kein Besitz, keine Ehre, keine Liebe ihn auf die Dauer befriedigen, immer wieder sehnt er sich nach etwas Neuem, Größerem, Gewaltigerem, dessen Erfüllung Du bist. „Du hast uns, oh Gott, für Dich geschaffen, und unser Herz bleibt unruhig, bis es ruht in Dir." – Dein Blut genügt, um die ganze Welt von der Sünde loszukaufen. Wie Du mir genügst, so auch dem ganzen Menschengeschlechte. Lass also, o Herr, Dein Kreuz für alle mehr als genug sein, lass es wirksam werden, denn es könnte trotz seiner überreichen Gnaden in mir wirkungslos sein, wenn Du es nicht wirksam machst!

IX. Gott, der allein Unveränderliche

„Wohin ich gehe, kannst du mir jetzt nicht folgen; aber du wirst mir später folgen können."

Du allein, o Gott, bist ewig derselbe; der Mensch ändert sich. Du aber bist unveränderlich; sogar als Mensch bist Du stets unveränderlich gewesen, denn Jesus ist heute wie gestern und in Ewigkeit derselbe. Dein Wort bleibt im Himmel und auf Erden. Deine Ratschlüsse sind unabänderlich und Deine Gaben reuen Dich nicht. Deine Natur und Deine Eigenschaften bleiben stets dieselben. Vater, Sohn und Heiliger Geist sind in sich und zueinander stets dieselben. Ich bete dich an in dem heiteren Frieden Deiner Unveränderlichkeit, in Deinem wandellosen Himmel, der Du selber bist. Du bist vollkommen von Anbeginn, konntest nichts gewinnen und nichts verlieren, nichts konnte an Dich heranreichen oder Dir schaden; denn nichts existiert, was Du nicht erschaffen hättest und stets zerstören könntest. Ich bete Dich darum an in Deiner unendlichen Festigkeit, in der alle geschaffenen Dinge ihren Mittel- und Stützpunkt haben.

Der Mensch dagegen ändert sich beständig. Jeden Tag geht er dem Grabe näher. Wie hoch mein Alter und die Zahl meiner Jahre sei, stets verkürze ich den Zwischenraum zwischen Zeit und Ewigkeit. Ich ändere mich ohne Unterlass in mir selber. Die Jugend gleicht nicht dem Alter, und dauernd entferne ich mich von der Jugend dem Ende zu. Je weiter ich voranschreite, o mein Gott, desto mehr sinke ich in Trümmer. Ich löse mich auf in meine Bestandteile. Die Seele kann zwar nicht sterben, denn Du hast sie unsterblich erschaffen; aber die leibliche Hülle ist ein beständiges Zerfallen in Staub und Asche, aus der sie genommen ist. Alles ändert sich unter dem Himmel; Frühling, Sommer, Herbst und Winter haben ihren Lauf. Die Güter dieser Erde wechseln, das Hohe sinkt und das Niedrige erhebt sich. Die Reichtümer nehmen Flügel und fliegen davon, Verluste zerstören die Existenz, Freunde werden Feinde und umgekehrt, unsere Ziele, Pläne und Wünsche ändern sich. Es gibt nichts Beständiges außer Dir, o mein Gott. Du bist der Mittelpunkt und das Leben aller Wechselwesen, alle stützen sich auf Dich als auf den Vater, richten die Blicke auf Dich und fühlen sich geborgen in Deiner Hand.

Ich weiß, ich muss mich ändern, wenn ich in Dein heiliges Antlitz schauen soll. Ich muss die Wandlung des Todes bestehen. Leib und Seele müssen dieser Welt absterben. Mein wahres Sein, die Seele, muss eine völlige Wiedergeburt durchmachen. Nur Heilige können Dich schauen. Wie Petrus kann ich dieses Gut jetzt nicht besitzen. „Wohin ich gehe, kannst du mir jetzt nicht folgen, aber später wirst du mir folgen." Hilf mir mit Deiner unwandelbaren Gnade, wenn ich diese große und furchtbare und doch so glückliche Änderung zu bestehen habe! Meine Unveränderlichkeit hinieden ist nur beständige Veränderung. Lass mich von Tag zu Tag nach Deinem Bilde umgeschaffen werden, dass ich mich wandle, von Glorie zu Glorie, indem ich stets hinschaue auf Dich und auf Deinen Arm mich stütze! Ich weiß, Herr, dass ich Prüfungen, Versuchungen und viele Kämpfe bestehen muss, wenn ich zu Dir kommen soll. Ich weiß nicht, was meiner wartet, aber ich weiß, dass ich mich ganz ändern muss, und ich weiß auch, dass meine Änderungen nicht zum Besseren, sondern zum Schlechteren sich wenden werden, wenn Du nicht bei mir bist. Ob ich glücklich oder unglücklich, reich oder arm, gesund oder krank, von Freunden geliebt oder verlassen bin, alles wendet sich mir zum Schlimmen, wenn ich von dem Unwandelbaren nicht gehalten werde; alles wendet sich mir zum Guten, wenn ich Jesus bei mir habe, der immer, gestern, heute und in Ewigkeit derselbe bleibt.

X. Gott, die Allliebe

„Liebst du mich mehr als diese?“

Du verlangst von uns, dass wir Dich lieben, o Gott, und Du bist doch die Liebe selber. Sie ist eine der Eigenschaften, die Du von Ewigkeit her geübt hast. Vor der Schöpfung hatte Deine Allmacht, Deine Gerechtigkeit, Deine Weisheit und Vorsehung kein Objekt; aber die ganze Ewigkeit hindurch hast Du geliebt, weil Du nicht einfach, sondern dreifaltig bist. Der Vater liebte von Ewigkeit her seinen einzigen Sohn und der Sohn in gleicher Weise den ewigen Vater, und diese gegenseitige wesenhafte Liebe zwischen Vater und Sohn ist der Heilige Geist. Darin besteht Deine unaussprechliche, ewige Wonne und Seligkeit, *dass Du liebest.* Ich bete Dich an, o unendliche Liebe.

Durch die Schöpfung hast du gewissermaßen Deine Liebe noch vermehrt, da Du nicht nur Deine wesensgleichen Personen, sondern auch Deine Geschöpfe liebst. Du bist die Liebe selbst auch für uns und liebst die Menschen mehr als die anderen Geschöpfe. Denn die Liebe ließ Dich vom Himmel herabsteigen und die Gesetze unserer armen Natur annehmen. Nur die Liebe konnte Dich besiegen und Dich in dieses Tal des Dunkels und der Tränen hinabführen. Durch

Deine unendliche Liebe zu den Sündern bist du gestorben, und diese selbe Liebe hält Dich auch nach Deiner Auferstehung noch auf Erden in dem engen Tabernakel, in äußerlich so armseliger Form. O meine Liebe, wenn Du nicht unendlich wärst, hättest Du da auch nur einen Augenblick in den Fesseln dieses Leibes den Beleidigungen und Vernachlässigungen der Menschen ausgesetzt bleiben wollen? Ich weiß nicht, was die Unendlichkeit bedeutet; aber ich weiß, dass Du uns mit einer Tiefe und Kraft liebst, die alles Maß und alles Begreifen übersteigt.

Und nun befiehlst Du mir gar, Dich wiederzulieben, weil Du mich zuerst geliebt hast, Dich besonders und über alles zu lieben. Du sagst: „Liebst Du mich mehr als diese?" O mein Gott, wie beschämend ist eine solche Frage für mich! Und doch, habe ich Dich wirklich mehr als der Durchschnitt der Menschen geliebt? Die meisten lieben Dich überhaupt nicht, sondern schließen Dich von ihren Gedanken aus. Sie finden es unangenehm, an Dich zu denken; sie haben keine Art Herz für Dich. Du hast darum Recht mich zu fragen, ob ich Dich nicht wenigstens ein wenig liebe. Aber warum liebe ich Dich nicht sehr, warum fliege ich Dir nicht in heißer Liebe entgegen, ich, den Du so nahe an Dich herangezogen, den Du so wunderbar erwählt und aus der Welt ausgesondert hast, um Dein Diener und Sohn zu werden? Habe ich nicht allen Grund, Dich mehr als jeder andere zu lieben, obwohl alle Dich lieben sollten? Ich weiß nicht, was Du den anderen persönlich getan hast, Du bist ja für alle gestorben – aber ich weiß, was Du in ganz besonderer Weise für mich getan hast. Du hast so viel getan, o mein Lieber, dass ich Dich mit allen Kräften meiner Seele wiederlieben müsste.

XI. Gott, der Allheilige

Du, o Herr, bist heilig und die Heiligkeit selber, weil Du über alle geschöpflichen Schranken erhaben bist. Die Heiligkeit ist Dein innerstes Wesen, und in ihr besteht Deine unbegreifliche Seligkeit, die ihre Quelle nur in sich selber hat. Ich bete Dich an in der vollkommenen und heiligen Erkenntnis Deiner selbst, durch die wir eine Idee vom Hervorgang des ewigen Wortes erhalten. Ich bete Dich an in Deiner unendlichen, reinen Selbstliebe, in der Liebe des Vaters zum Sohne und des Sohnes zum Vater, in der wir den Ausgang des Heiligen Geistes erfassen. Ich bete Dich in Deiner unbegreiflichen Glückseligkeit an, die Du durch diese wesenhafte Liebe von Ewigkeit in Dir selber hast. Ich begreife nichts von den himmlischen Dingen; ich gebrauche nur Worte, die ich nicht verstehe. Aber ich glaube, o mein Gott, ihre Wahrheit, auch wenn ich sie nur in der Armut und Dunkelheit menschlicher Sprache ausdrücke.

Ich bete Dich an in Deiner inneren und äußeren Heiligkeit, in der Heiligkeit Deiner Werke wie in der Heiligkeit Deiner eigenen Natur. Kein Geschöpf kann sich Deiner erhabenen Heiligkeit nahen, aber Du selber nahst Dich, berührst, umfassest und durchdringst alle Geschöpfe. Nichts lebt außer Dir, und Du hast nur Gutes erschaffen. Alle Dinge hast Du gut in ihrer Art gemacht. Ich bete Dich an, dass Du bei der Schöpfung allen Dingen Deine Macht eingeflößt hast, die sie erhält und leitet und auch ohne Deinen besonderen Beistand vor dem Abgrund des Nichts bewahrt. In alles hast Du eine wirksame Kraft hineingelegt, dass sie in Dir und durch Dich, aber auch aus sich selber handeln können. Deinen vernünftigen Geschöpfen hast Du die Fähigkeit gegeben, zu wollen, was recht ist. Du hast den Menschen aufrecht erschaffen, in einer reinen Natur und mit Deiner freien Gnade, dass er wie ein Engel auf Erden leben kann. Besonders aber bete ich Dich an, dass Du den Menschen durch die Herabkunft des ewigen Wortes Deine Gnade in überfließendem Maße und damit die ewigen Güter gegeben hast. In all diesen Werken bist Du heilig, und ich verhülle mein Antlitz vor dieser unnahbaren Heiligkeit

Die Sünde existiert zwar in der Welt, aber sie kommt nicht von Dir, sondern von Deinem Feinde, von mir und meinesgleichen. Zu meiner und aller Menschen Schande muss ich gestehen, dass wir das Gute wollen sollten, in Wirklichkeit aber stets das Böse wollen. Welcher Abgrund besteht zwischen Dir und mir, nicht nur in der Natur, sondern auch im Willen! Dein Wille ist stets heilig; wie darf ich mich je mit meinem unreinen Willen Dir nahen? Was habe ich mit Dir zu schaffen? Und dennoch muss ich zu Dir kommen. Du rufst mich, wenn einst meine Stunde geschlagen hat und ich vor Deinen Richterstuhl treten muss. Wehe mir, denn ich bin ein Mensch mit unreinen Lippen, und ich wohne inmitten eines unreinen Volkes! Dein Kreuz, o Herr, zeigt mir den weiten Abstand zwischen Dir und mir, aber es überbrückt ihn auch zugleich. Es zeigt mir meine große Unwürdigkeit und Deinen völligen Abscheu vor der Sünde. Lehre mich den tiefen Inhalt Deines Kreuzes erfassen, damit ich begreife, wie sehr ich Dir entfremdet bin, und dass es mir zugleich die Kraft der Wiedervereinigung mit Dir erwirkt!

XII. Die vierzigtägige Unterweisung

1. Das Reich Gottes

O mein Herr, wie wunderbar waren die Unterhaltungen, die Du von Zeit zu Zeit nach Deiner Auferstehung mit den Jüngern gehalten hast! Als Du mit den Zweien nach Emmaus gingst, erklärtest Du ihnen alle Weissagungen, die sich auf Dich bezogen. Dann hast Du Deinen Aposteln die Fülle Deiner Sakramente, die notwendigen Unterweisungen und Grundsätze zur Erhaltung und Regierung Deiner Kirche gegeben. So bereitetest Du sie auf den Tag der Herabkunft des Heiligen Geistes vor, als nach der Vision des Propheten die dürren Gebeine unter dem Hauch des Gottesgeistes sich erhoben und zu lebendigen Leibern wurden, auf den Tag, wo Du ihnen Licht und Kraft aus der Höhe sandtest und sie mit Deinem Geiste salbtest. Alles, was Du ihnen damals gesagt hast, will ich mit einfachem und ernstem Glauben betrachten. „Das Reich" war der heilige Gegenstand Deiner Lehren und Unterweisungen. Lass mich keinen Augenblick vergessen, dass Du ein Reich hier auf Erden Dir errichtet hast, dass die Kirche dieses Werk, Deine Einrichtung, dass wir unter Deiner Herrschaft, Deinen Gesetzen und unter Deinem wachsamen Auge leben und dass, wenn die Kirche spricht, Du selber zu uns redest. Lass mich in der Aneignung dieser wunderbaren Wahrheit nicht gefühllos und stumpf werden, lass mich unter der Schwäche Deiner menschlichen Vertreter nicht vergessen, dass Du in ihnen sprichst und handelst! In dem Augenblick, in dem Du die Erde verließest, hast Du das Gottesreich gegründet, um bis zum Ende der Zeiten Deinen Platz hier auf Erden zu behaupten und Dein Wort in sichtbarer Gestalt zur Geltung zu bringen, auch nachdem Deine persönliche Gegenwart aufgehört hatte und Du im Himmel Deine Wohnung genommen. Mit wahrem, liebetreuem Glauben will ich mir Dein Bild, wie Du die Apostel alle Gesetze und Wahrheiten des Gottesreiches lehrst, stets vor Augen halten und Dich anbeten, indem ich Dich im Geiste betrachte und Deinem Worte lausche.

Komm, bester Erlöser, und erteile auch mir Deine süßen Unterweisungen! An sich bedarf es dessen nicht und ich fordere es auch nicht, denn Du sprichst durch Deine Kirche, und das Wort der Wahrheit ist mir gegeben, dass Du in Deiner unfehlbaren Kirche die Menschen in ähnlicher Weise wie die Apostel auch weiterhin unterweisest. Aber ich hätte nötig, dass Du mir Tag für Tag, entsprechend den neuen Umständen und Bedürfnissen des Lebens, Deine Lehren erteiltest. Du müsstest mir den wahren göttlichen Instinkt für die geoffenbarten Wahrheiten geben, sodass ich aus der Erkenntnis der klar definierten Wahrheiten auch andere ahnen und mir aneignen könnte. Dieses Verständnis Deiner Wahrheiten hätte ich besonders nötig, damit mein Geist auch für alle anderen Wahrheiten empfänglich werde oder damit ich wenigstens vor falschen Annahmen und irrigen Zeitmeinungen bewahrt bleibe. Ich brauche den Geist des Pfingstfestes, den Parakleten, der die heiligen Väter und die Kirche beseelt hat und mit dem ich nicht nur sage, was sie sagen bez. der erklärten Lehren, sondern auch denke, was sie denken. In allem muss ich vor einer gewissen Originalität des Geistes bewahrt werden, die von der Wahrheit abirrt, wenn sie von Dir wegführt. Schenke mir die Gnade, in allen Werken des Geistes das Wahre vom Falschen zu unterscheiden!

Gib mir, o Herr, zu diesem Zweck *die Reinheit des Gewissens*, die allein Deine Inspirationen empfangen und fruchtbar machen kann! Mein Ohr ist harthörig, sodass ich Deine Stimme nicht vernehme, meine Augen sind verschleiert, sodass ich Deine Zeugnisse nicht klar unterscheiden kann. Du allein kannst mein Ohr öffnen, mein Auge klären, mein Herz reinigen und umschaffen. Lass mich zu Deinen Füßen Platz nehmen wie Maria, um Deinen Worten zu lauschen! Gib mir diese wahre Weisheit, die in Gebet, Betrachtung und persönlicher Zwiesprache mit Dir sucht, was Dein Wille ist, mehr als in Büchern und menschlicher Wissenschaft. Lass mich Deine Stimme stets von fremden Stimmen unterscheiden, damit ich in allen Fragen und Zweifeln eine sichere Richtschnur in Dir finde! Würdige Dich, mir in der Eigenart meines Geistes zu antworten, wenn ich Dich verehre und auf Dich rechne als den großen Geist, der den armen Menschenverstand unendlich überragt!

2. Ergebung in Gottes heiligen Willen

„Was kümmert es dich? Folge du mir!"

Du, o Gott, besitzest allein alle Weisheit und Wissenschaft. Du kennst alles, was uns zustößt, von Anbeginn der Welt, und hast es selbst bestimmt. Du hast alles auf das Weiseste angeordnet und weißt, welches mein Schicksal im ganzen Verlauf meines Lebens bis zum Tode sein wird. Du weißt, wie viel Zeit mir noch vergönnt ist, weißt auch, wie ich sterben werde. Alles bis ins Kleinste hast Du geregelt, die Sünde ausgenommen. Jedes Ereignis meines Lebens ist sicher zu meinem Besten, denn es kommt von Dir. Du führst mich durch Deine wunderbare Vorsehung von Jahr zu Jahr, von der Jugend bis zum Alter, mit vollendeter Weisheit und vollkommener Liebe.

O Herr, Du bist in diese Welt gekommen, um den Willen Deines Vaters, nicht den Deinigen, zu erfüllen;

gib mir auch die einfache und völlige Unterwerfung unter den Willen des Vaters und des Sohnes! Du weißt am besten, was für mich gut ist, und liebst mich auch mehr als ich selber, bist in Deiner Vorsehung schlechthin weise und in Deinem hilfreichen Schutze allmächtig. Ich weiß nicht, was mir die Zukunft bringt, aber ich ergebe mich ganz in diese Unwissenheit und danke Dir, dass Du mich nicht meiner eigenen Hut anvertraut und die schwere Verantwortung nicht auf meine Schultern gelegt, sondern mich ganz in Deine Hand gegeben hast. Mehr kann ich nicht wünschen, als Deiner Sorge, nicht der meinigen, anvertraut zu sein. Mit Deiner Gnade will ich Dir überallhin folgen, wohin Du gehst, nicht meine eigenen Wege nehmen. Deine Weisung will ich abwarten und mit ihr furchtlos und energisch handeln. Auch vor der Ungeduld will ich mich bewahren, wenn Du mich einen Augenblick in Dunkel und Verwirrung lässt, und will mich auch nicht beklagen oder zornig werden, wenn Unglück oder Ängste mich befallen.

Ich weiß, Herr, dass Du Deine Aufgabe an mir erfüllst, wenn ich die meinige mit Deiner Gnade an Dir erfülle. Du verlässest niemand, der Dich sucht, und enttäuschest keinen, der auf Dich vertraut; je mehr ich Dich um Deinen Schutz anflehe, umso sicherer und vollkommener wird er mir zuteilwerden. Darum rufe ich jetzt zu Dir aus ganzer Seele und bitte Dich demütig, bewahre mich vor mir selbst und jedem fremden

Willen, der nicht mit Dir übereinstimmt! Dann aber bitte ich Dich auch um Deines unendlichen Mitleidens willen, sei nicht zu streng, sondern milde in Deinen Ratschlüssen gegen mich; suche mich nicht heim mit schweren Prüfungen, die nur Heilige ertragen können, sondern habe Mitleid mit meiner Schwäche und führe mich, wenn ich Dich so bitten darf, einen ruhigen und sicheren Weg zum Himmel! Gleichwohl überlasse ich alles Deiner Hand, o mein liebevoller Erlöser, ich feilsche nicht, nur lege mir keine zu harten Prüfungen auf, und wenn Du es tust, so verleihe mir auch entsprechend große Gnaden! Erfülle mich mit Deiner Kraft und Deinem Troste, dass Deine Heimsuchungen mir nicht zum Tode, sondern zum Heile und zum Leben gereichen!

3. Trennung des Herrn von seinen Aposteln

Ich bete Dich an, o Gott in der Vereinigung mit Deinen Aposteln, in der Du vierzig Tage nach Deiner Auferstehung mit ihnen verkehrtest. So glücklich waren die Tage, so ruhevoll und ungestört vom Lärm der Welt, dass, als sie vorüber waren, die Apostel meinten, dass sie kaum begonnen hätten. Wie schnell musste diese erste Osterzeit verfliegen! Vielleicht wussten die Apostel selber nicht, wann sie endigen sollte. Jedenfalls war es ihnen schmerzlich, an das Ende zu denken; sie waren ganz erfüllt von der Freude an dem gegenwärtigen Augenblick. O, welche Zeit des Trostes! Welcher Gegensatz zu dem, was eben vergangen war! Das war ihre glücklichste Zeit auf Erden, der Vorgeschmack des Himmels, geschützt gegen die neugierigen Blicke und das Gerede der Menschen. Es waren Tage freudevoller Bewunderung, der Betrachtung, der Anbetung, des Jubels in Deinem auferstandenen Lichte.

Aber Du, Herr, wusstest es besser. Sie hofften und wünschten, dass diese Zeit der Ruhe nicht enden und nur einer glücklicheren weichen werde; aber Du wusstest in Deiner ewigen Weisheit, dass es gut und notwendig war, Not und Tod auf sich zu nehmen, um zu diesem höheren Glücke zu gelangen. Wenn Du nicht von ihnen gingst, konnte der Tröster nicht zu ihnen kommen; Du wolltest Dich von ihnen trennen, damit sie in der Trübsal und Verlassenheit mehr gewinnen würden als in der fühlbaren Freude Deiner beseligenden Gegenwart. Ich bete Dich an, Vater, dass Du den Sohn und den Heiligen Geist gesandt hast, und auch Euch bete ich an, Sohn und Heiliger Geist, dass ihr uns gesandt werden wolltet.

O mein Gott, lass mich nie vergessen, dass die Augenblicke des Trostes hienieden nur eine Erholung, nicht ein dauernder Zustand sind, auf Erden haben sie keinen Bestand, sondern nur im Himmel. Hier scheinen sie uns nur gegeben, um uns auf neue Taten und Leiden vorzubereiten. Verleihe mir, Herr, wenigstens von Zeit zu Zeit diese Tröstungen! Gieße über mich aus die Süße Deiner Gegenwart, damit ich nicht auf dem Weg erlahme! Sonst finde ich bei meiner großen Schwäche Deinen Dienst zu eintönig und langweilig, lasse ab von Gebet und Betrachtung, vernachlässige in der Trockenheit meines Geistes die tägliche Arbeit oder verrichte sie nur, um Freude an ihr zu finden, nicht um Deinetwillen. Schenke mir von Zeit zu Zeit die Hilfe Deiner göttlichen Tröstungen, aber lasse mich nicht in ihnen erlahmen! Lass mich sie gebrauchen zu dem Zwecke, den Du beabsichtigt hast! Wenn Du sie zurückziehst, so lass es mich nicht zu hart empfinden und mich nicht entmutigt, sondern emporgehoben werden, sodass das Denken und Sehnen sich dadurch nur zum Himmel wendet!

4. Gottes Wege sind nicht unsere Wege

„Weil ich dies zu euch gesagt habe,
hat Traurigkeit euer Herz erfüllt;
aber ich sage euch die Wahrheit: Es ist
gut für euch, dass ich gehe."

Göttlicher Erlöser, ich bete Dich an in Deiner unendlichen Weisheit, die sieht, was wir nicht sehen, und alles nach ihrer Art aufs beste anordnet. Als Du zu Deinen Aposteln sagtest, dass Du von ihnen gehest, waren sie entsetzt, als ob Du ihren Glauben und ihr Vertrauen schmählich betrogen hättest. Es schien, als ob sie Dir Vorwürfe machen wollten: „Haben wir nicht alles für Dich verlassen, auf Haus und Herd, auf Familie und Verwandtschaft, auf Vater und Mutter, Frau und Kinder, Freunde und Nachbarn, auf alle Bequemlichkeiten und Gewohnheiten des Lebens verzichtet, um Dir nachzufolgen? Haben wir nicht mit der Welt gebrochen und sind ihr abgestorben, um ewig mit Dir vereinigt zu sein? Und nun sagst Du, dass Du uns verlassen werdest? Ist das vernünftig, gerecht? Ist das Treue gegen Dein Versprechen? Sind wir nicht darum übereingekommen? Herr, wir beten Dich an, aber wir sind völlig verstört und wissen nicht, was wir sagen sollen."

Und dennoch, Gott ist wahrhaftig, jeder Mensch aber ein Lügner. Möge Dein göttliches Wort in unserem Geiste über alle Gründe und Beredungskünste des äußeren Augenscheines triumphieren! Möge der Glaube, nicht leibliches Schauen uns leiten. Du bist gerechtfertigt, auch wenn die Menschen Dich anklagen, und Deine Sache trägt den Triumph, auch wenn sie zu erliegen droht. *Dich wahrhaft besitzen heißt Dich zuerst verlieren*! Was der Mensch zunächst und am meisten braucht, ist nicht ein äußerer Führer, wenn er auch noch so nützlich wäre, sondern eine innere, unsichtbare, persönliche Hilfe. Du wolltest ihn nicht nur oberflächlich, sondern in der Wurzel heilen, nicht nur das Antlitz verändern, sondern den Kern und die Wurzel aller Übel ausgraben und vernichten. *Du wolltest seine Seele besuchen und hast ihn darum dem Leib nach verlassen,* um im Geiste wieder zu ihm kommen zu können. Darum bist Du nicht unter Deinen Aposteln geblieben, wie zu den Tagen Deines irdischen Wandels, aber Du bist geistig zu ihnen gekommen, um durch die Macht des Parakleten in viel innigerer Gemeinschaft auf immer bei ihnen zu sein.

O mein Gott, ich bekenne und bedaure meine tiefe Schwäche, die so leicht mich zweifeln lässt, wenn nicht an Dir, so doch an Deinen Dienern und Stellvertretern, wenn die Dinge nicht nach meinem Willen oder Erwarten gehen. Ich werde ungeduldig, mürrisch, kalt und widerwillig; gib mir, o Herr, einen großmütigen und starken Glauben an Dich und Deine Diener!

XIII. Die Himmelfahrt

1. „Er stieg empor zum Himmel“

Ich folge Dir, Herr, bei Deinem Aufstieg zum Himmel; Herz und Sinn erheben sich mit Dir. Niemals gab es größeren Triumph. Du bist in Bethlehem als kleines Kind in unserem Fleisch erschienen; dieses Fleisch existierte nicht, bevor Du es als neues Werk Deiner Hände im Schoße der Jungfrau bildetest. Auch Deine Seele war ein neues Geschöpf Deiner Allmacht, als Du in den geheiligten Schoß eingingst. Leib und Seele, die Hülle Deiner göttlichen Wesenheit, begannen damals erst auf Erden zu existieren. Und darin besteht der Triumph, dass nun die Erde sich zum Himmel erhebt. Ich sehe Dich emporsteigen, den Leib, der am Kreuze gehangen, die Hände und Füße, die von Nägeln durchbohrt waren, und die von der Lanze durchstochene Seite. Dein ganzer gemarterter Leib erhebt sich zum Himmel; die Engel jubeln Dir entgegen, Tausende seliger Geister, die den Himmelsraum erfüllen, teilen sich wie die Fluten des Meeres, um Dir eine via triumphalis zu bereiten, die göttlichen Paläste öffnen sich, und die Cherubim mit flammenden Schwertern, die dem gefallenen Menschen den Zutritt zum Himmel verwehrten, neigen sich in Ehrfurcht vor Deinem und Deiner Heiligen glanzvollem Einzug. O herrlicher Tag! …

Die Apostel begriffen nun, dass gekommen war, was ihre Gedanken vorher nicht begriffen hatten. Sie fürchteten diesen Tag und konnten nur den Schmerz der großen Trennung empfinden. Aber als er gekommen war, kehrten sie, wie es im Evangelium heißt, „voll Freude" nach Jerusalem zurück. Jetzt begriffen sie erst den Sinn des Triumphes und ihre eigene Schwäche, als sie ihren Herrn und Meister, das glorreiche Haupt ihres Heiles, den Führer und Erstling des Menschengeschlechtes, in die Herrlichkeit seines Reiches einziehen sahen. Das war der Triumph des erlösten Menschen, die Vollendung der Erlösung, der Schlussakt, der das große Werk krönte; denn der Mensch ist nun wahrhaft im Himmel, ist eingegangen in sein Erbe. Das sündige Geschlecht hat jetzt in der Person des ewigen Wortes eines seiner Kinder, sein eigenes Fleisch und Blut da oben im Himmel. Welch wunderbare Ehe zwischen Himmel und Erde! Sie begann in Schmerzen und bereitete sich in langer, geheimnisvoller Arbeit vor. Nun hat die ewige Hochzeit begonnen. Ehe und Geburt gehören zusammen; darum wird der Mensch wiedergeboren, wenn der Menschensohn in den Himmel eingeht.

O Emmanuel, Gott im Fleische, wir hoffen, mit Deiner Gnade Dir folgen zu können, wir hängen uns an den Saum Deines Gewandes, wenn Du zur Höhe hinaufsteigst, denn aus uns vermögen wir uns nicht über diese Erde zu erheben. Welche Freude wird das geben, wenn wir einst mit Dir in den Himmel eingehen, welch unaussprechliche Ekstase nach so viel schmerzvollen Jahren! Du allein bist stark. „Du hast mich bei der Hand genommen und in Deinem Willen mich geführt und dann in Herrlichkeit mich aufgenommen. Was habe ich im Himmel und was will ich auf Erden außer Dir? Mein Fleisch und mein Herz versinken, Du aber bist der Gott meines Herzens und mein Anteil auf ewig."

In den Himmel eingehen heißt, zu Gott eingehen, zu Gott, dem Einzigen und Allbeseligenden. Dort ist vollkommene Freude, nichts anderes, und niemand kann selig werden, der nicht in der Anschauung Deines göttlichen Wesens gebadet, geborgen und ganz darin aufgegangen ist. Alle heiligen Geschöpfe sind nur das Kleid des Allerhöchsten, das Kleid, das die Strahlen seiner unerschaffenen Sonne in allen Farben bricht und mit dem er sich für die geschaffenen Geister umkleidet hat. Es gibt unendlich viele Dinge auf Erden und jedes ist sein eigenes Zentrum. Da oben aber ist nur *ein* Name: Gott, und dieser ist das wahre, übernatürliche Leben. Wenn ich auf Erden ein wahres Leben führen und das ewige, übernatürliche Leben im Himmel erreichen will, so habe ich nur eines zu tun, nämlich an Gott zu denken. Herr, lehre mich das, gib mir Deine Gnade, um es zu üben, damit mein Verstand, meine Gefühle, meine Wünsche, Hoffnungen und Ziele nur von Deiner Liebe getragen und durchdrungen sind, einzig gerichtet auf die Anschauung und den Besitz Deines göttlichen Wesens.

Da oben gibt es nur einen Namen und einen Gedanken, hier unten viele. Das Erdenleben heißt: zahllosen Dingen, Arbeiten, Zielen, Vergnügungen nachjagen und schließlich beim Tode endigen. Das irdische Gut führt nicht zum Himmel, weil es in der Wurzel verdorben ist und im Gebrauch vergeht, weil es keinen Bestand und keine Stütze in sich selber hat. Es verfällt unrettbar dem Bösen, schon ehe es sich erschöpft hat, ja, ehe es in Wirklichkeit angefangen hat, ein Gut zu sein. Bestenfalls ist es nur Eitelkeit der Eitelkeiten, meist aber Schlimmeres, denn es enthält in der Regel in sich den Keim der Sünde und des Leides. Ich kenne, o Gott, das alles, ich weiß, dass Du allein der Wahre, Gute und Schöne bist, dass Du allein mich hienieden befriedigen und da drüben in die Herrlichkeit führen kannst. Du, nur Du allein bist der Weg, die Wahrheit und das Leben, die Erde führt niemals zum Himmel.

Darf ich jemals an diesem Wege zweifeln? Muss ich Dich nicht sofort und ganz als meinen einzigen Anteil an mich reißen? Zu wem soll ich gehen? „Du hast Worte des ewigen Lebens." Du bist auf diese Erde herabgekommen, um das für mich zu tun, was keiner tun konnte. Nur wer im Himmel ist, kann mich zum Himmel führen. Welche andere Kraft kann ich also erwarten, um den hohen Gebirgskamm zu ersteigen? Wenn ich auch der Welt aufs Beste gedient und meine Pflicht, wie die Menschen sagen, untadelhaft erfüllt hätte, was könnte es mir nützen für das ewige Heil? Und wenn ich mein Leben noch so nützlich verbracht, meinen Mitbürgern nur Gutes getan, großes Verdienst und allgemeinen Ruhm mir erworben, große Werke vollbracht und meinen Namen unaustilgbar in die Annalen der Geschichte eingeschrieben hätte, würde mich das alles zum Himmel führen? Ich wähle Dich darum als mein einziges Erbteil, weil Du lebst und niemals stirbst. Alle Idole will ich von mir werfen und mich Dir allein hingeben. Ich bitte Dich, Herr, gib mir dafür Deine Unterweisung und Deine Führung, stärke mich und nimm mich auf in Deine Arme.

2. Unsere Fürsprecherin beim Vater

Ich bete Dich an, mein Erlöser, dass Du zum Himmel aufgefahren bist, um dort unser Mittler und Fürsprecher zu sein und unsere Sache bei dem Herrn über Leben und Tod zu vertreten. Wenn wir auf Erden eine wichtige Sache zu verteidigen haben, dann suchen wir den Schutz großer und mächtiger Menschen, deren Einfluss wir kennen, und zählen viel auf ihre Versprechungen. Du bist der Allmächtige und Allliebende zugleich. Es gibt Millionen von Menschen auf dieser Erde, und Du bist für alle gestorben, aber Du lebst für die Deinigen, die Du von der Welt Dir abgesondert hast. Noch wunderbarer lebst Du für Deine Auserwählten. Ihre Namen hast Du in Deine Hand geschrieben, sie sind stets vor Dir, Du hast ihre Namen eingetragen in das Buch des Lebens und weißt ihren Namen auswendig; zu ihrem Besten leitest Du alles, und wenn ihre Zahl vollendet ist, ist das Ende der Welt da.

Du hast mich auserwählt und mir Deine gegenwärtige Gnade gegeben, Du hast mich also auf den Weg des Heils gestellt. Ich weiß vollkommen sicher, welches auch immer Deine geheimen Absichten mit mir sein mögen, dass es nur meine eigene, ganze Schuld sein kann, wenn ich nicht im Buche des Lebens geschrieben stehe. Ich begreife Dich nicht, aber ich begreife mich selbst genügend, um das zu wissen und dessen sicher zu sein. Du hast mich gewissermaßen auf ein so vorteilhaftes Gelände gestellt, dass der Siegespreis schon fast in meiner Hand ist. Wenn ich gegenwärtig in der Gesellschaft der Engel und Heiligen bin, so ist es schwer, von ihrer Hilfe nicht so viel zu erreichen, dass ihre Freundschaft mit mir ewig daure. Leute dieser Welt wissen solche Beziehungen zu ihrem Nutzen wohl zu verwerten. Wenn Du mir also, o Gott, Deine eigene Mutter Maria zur Mutter gegeben hast, warum sollte ich nicht von ihr einen wirksamen Familienschutz erlangen, dass sie mir in der letzten Stunde beistehe? Wenn ich sie und Dich bitten darf, soll ich mir dadurch nicht die Beharrlichkeit bis ans Ende sichern können, die ich mir nicht verdienen kann und die das sicherste Zeichen der wirklichen Auserwählung ist? Ich habe alle Mittel in den Händen, um das, was ich brauche und nicht besitze, unfehlbar zu erlangen, wenn mir auch die Sicherheit des Besitzes hienieden nicht gegeben ist.

Herr, ich sinke in Verzweiflung vor Gewissensbissen und Missbehagen, dass ich die Mittel, die Du mir an die Hand gegeben, so vernachlässigt habe und alles seinen Weg gehen ließ, als wenn die Gnade unfehlbar und ohne eigene Mühe zur Seligkeit führen müsste. Was soll ich Dir sagen? Ich seufze in den Ketten alter Gewohnheiten, bin schwach, unfähig, niedergeschlagen, dürr und kraftlos, als wenn ich wie die niederen Tiere geschaffen wäre, um mit dem Antlitz zur Erde gewandt durchs Leben zu gehen, auf Händen und Füßen zu kriechen, anstatt aufrecht zu gehen und das Auge zum Himmel zu richten. Gib mir, Herr, wessen ich so sehr bedarf, eine tiefe Reue über meine zahllosen lässlichen Sünden, meine Nachlässigkeiten, meine Trägheit und Lauheit in Deinem Dienste, die, ich muss es gestehen, das sicherste Zeichen sind, dass ich nicht zur Zahl Deiner Auserwählten gehöre! Niemand anders als Du selbst kannst mich von mir selbst erlösen.

In Deine heiligen Geheimnisse vermag ich nicht einzudringen, Herr; ich weiß, dass Du in Wahrheit für alle gestorben bist, aber Du hast die Rettung aller nicht wirksam gewollt, und obwohl Du es könntest, tust Du sicher nicht für alle das Gleiche. Ich weiß nicht, welches Deine ewigen Ratschlüsse mit mir sind; aber wenn ich mich auf alle Zeichen Deiner unendlichen Barmherzigkeit, die Du über mich ausgegossen hast, stützen darf, so kann ich hoffen, einer von denen zu sein, deren Namen eingeschrieben sind im Buch des Lebens. Ich weiß und fühle es sicher und glaube, dass, wenn einer die Krone des Lebens verliert, es nur seine eigene Schuld ist. Du hast mich von Jugend an mit Deiner Gnade umgeben; Du hast so viel Anteil an mir genommen, als wenn ich etwas für Dich bedeutete und als ob mein Verlust des Himmels auch ein Verlust für Dich selber wäre. Du hast mich durch tausend gnädige Führungen emporgeleitet, Du hast mich in nächste Nähe zu Dir herangezogen, in Dein Haus und Deine Gemächer eingeführt und mich mit Dir selbst genährt. Solltest Du mich nicht wahrhaft wirklich und wirksam, ohne Einschränkung, bis zum Ende lieben? Ich habe die feste Überzeugung, dass Du es tust. Du bist stets bestrebt, mir Gutes zu tun und mich mit Deinen Wohltaten zu überschütten. Du wartest gewissermaßen auf meine Bitte, um mir Deine Gnade zu beweisen.

Ja, Herr, Du willst, dass ich zu Dir bete, und stets lauschst Du auf meine Stimme. Nichts kannst Du mir versagen. Ich bekenne meine sträfliche Nachlässigkeit gegenüber dieser großen Gnade. Ich bin durchaus schuldig, denn ich habe mit der größten aller Gaben, mit der Macht, den Allmächtigen zu bewegen, gespielt. Wie träge bin ich, Dich um Erfüllung meiner

Bedürfnisse zu bitten! Wie wenig denke ich an die Nöte anderer! Wie wenig Sorge habe ich, um Dir die Leiden und Wünsche der ganzen Welt und besonders Deiner Kirche vorzutragen! Wie wenig habe ich um besondere Gnaden und besondere Hilfe in den täglichen Ereignissen des Lebens gefleht! Wie wenig habe ich Fürbitte geleistet für die einzelnen Seelen! Wie wenig habe ich mich in alle Gebete und guten Werke des Erdkreises eingeschlossen und dadurch den Segen des Himmels verdient!

Nun aber will ich, o Herr, die Zeit nützen. Es ist zu spät, wenn das Leben zu Ende ist; im Grabe gibt es kein Beten und im Reinigungsort keine Verdienste mehr. So niedrig ich aus mir selbst in Deinen Augen bin, so groß und stark werde ich durch Dich und die Hilfe Deiner heiligen Mutter und aller Heiligen. Dadurch kann ich viel für Deine Kirche, für die Welt und alle meine Lieben tun. Möge das Blut der Seelen nicht über mein Haupt kommen, möge ich meinen Lebensweg nicht gehen, ohne an Dich zu denken! Für alles, was ich mir vornehme, will ich Deine Erlaubnis nachsuchen; für alles, was ich tue, Deinen Segen erbitten. Nichts will ich ohne Dich arbeiten, sondern stets mein Herz zu Dir erheben. Ich will nie vergessen, dass Du mein Sachwalter am Throne des Allerhöchsten bist. Wie die Sonnenuhr dem Laufe der Sonne folgt, so soll auch mein Lebensweg durch Dich geregelt werden. Ich gebe mich ganz in Deine Hand.

XIV. Der Paraklet

1. Der Paraklet des lebenden Universums

Ich bete Dich an, Herr, Gott, ewiger Paraklet, wesensgleich mit dem Vater und dem Sohne. Ich bete Dich an als das Leben aller Dinge. Durch Dich besteht die ganze Körperwelt, erhält sich in ihrer inneren Zusammensetzung, bewegt und verändert sich nach den inneren Gesetzen in ihrer Harmonie und Freiheit. Durch Dich ist die Erde erschaffen und in sechs Tagen zur Wohnstätte der Menschen geworden. Durch Dich wachsen die Bäume, die Sträucher und Blumen, reifen die Früchte bis zu ihrer Vollendung. Durch Dich folgt der Frühling auf den Winter und erneut die ganze Natur. Dieser wunderbare, herrliche und unwiderstehliche Durchbruch des Lebens, der alle Widerstände überwindet, dieser erstaunliche Triumph der Natur ist nur Deine glorreiche Gegenwart. Durch Dich leben Tag für Tag die zahllosen Arten von Tieren und haben von Dir ihren Odem. Du bist das Leben der gesamten Schöpfung, der Körper- und Tierwelt, besonders aber der Welt des Geistes. Durch Dich, allmächtiger Paraklet, singen die Engel und Heiligen Dein Lob im Himmel. Durch Dich werden die toten Seelen wiedererweckt, um Dir zu dienen. Von Dir kommt jeder gute

Gedanke, jeder gute Wunsch und Vorsatz, jede Kraft und jeder Erfolg. Durch Dich werden die Sünder zu Heiligen, durch Dich wird die Kirche bestärkt und erneut, die Glaubensboten beseelt und die Märtyrer ihrer Palme teilhaftig.

Durch Dich werden neue Orden in der Kirche gegründet, neue Andachten eingerichtet, durch Dich neue Gegenden zum Glauben berufen, neue Erklärungen und Entwicklungen der alten, apostolischen Lehre gegeben. Ich preise Dich und bete Dich an, Du erhabener Herrscher des Universums, Heiliger Geist!

Besonders aber bete ich Dich an für alles dasjenige, was Du für *meine* Seele getan hast. Ich fühle und erkenne, nicht nur als einen Glaubensartikel, sondern als persönliche Erfahrung, dass ich ohne Dich keinen guten Gedanken fassen, kein gutes Werk verrichten kann. Wenn ich aus eigener Kraft etwas versuchen will, so gelingt es sicher nicht. Das habe ich bitter genug erfahren. Nur dann kann ich etwas erreichen, wenn Dein Odem in mir ist; ziehst Du ihn zurück, so werden meine drei Todfeinde mich überwältigen und zu Boden werfen. Ohne Dich bin ich so schwach wie Wasser, völlig unvermögend. Sobald du aufhörst, in mir zu wirken, beginne ich zu verbleichen, zu verdorren und ganz zugrunde zu gehen. Du bist die einzige und beständige Ursache und Quelle meiner guten Wünsche, Absichten, Pläne und Ziele, all meiner Kräfte, Erfolge,

Übungen und Gewohnheiten. Ich besitze nichts, was ich nicht empfangen hätte, und ich bekenne jetzt in Deiner Gegenwart, erhabener Tröster, dass ich nichts habe, wessen ich mich rühmen könnte, wohl aber vieles, dessen ich mich schämen muss.

Wie milde und erbarmungsreich bist Du gegen mich gewesen, Herr! Seit den Tagen meiner Jugend hast du meinem Herzen eine besondere Verehrung gegen den Gottesgeist eingegeben. Du hast mich von Anfang an in Deinen Dienst genommen und in meinem Alter wirst du mich nicht verlassen. Du hast gute Entschlüsse in mir geweckt und mich zu Dir gekehrt, nicht durch mein Verdienst, sondern durch Deine freie, überreiche Liebe. Du wirst mich auch weiterhin nicht verlassen, darauf vertraue ich fest, wenn ich Dich nicht durch eine furchtbare Beleidigung dazu veranlasse. Bewahre mich doch, ich bitte Dich inständig, vor einer solchen Tat! Bewahre mich vor Trägheit und Lauheit! Führe mich vielmehr von Kraft zu Kraft, sanft, milde, zart und liebreich, aber doch stark und wirkungsvoll; gedenke meiner Schwäche und Reizbarkeit, bis Du mich in Deinen Himmel bringst.

2. Der Paraklet, das Leben der Kirche

Ich bete Dich an, Herr, Gott, dritte Person der Allerheiligsten Dreifaltigkeit, dass Du auf dieser sündigen Welt ein so weitleuchtendes Licht auf dem

Berge errichtet hast. Du hast die Kirche gegründet, sie eingerichtet und erhalten. Du erfüllst sie beständig mit Deinen Gaben, damit die Menschen sie sehen, sich ihr nähern, in sie eintreten und in ihr leben. Du hast so gewissermaßen den Himmel auf die Erde herabsteigen lassen und eine wunderbare Gemeinschaft gestiftet, in der die Engel wie auf der Jakobsleiter auf- und absteigen. Durch Deine Gegenwart hast Du die Gemeinschaft zwischen Gott und den Menschen wiederhergestellt. Du hast ihm das Licht der Gnade gegeben, das einst in das Licht der Glorie übergehen soll. Ich lobe und beneide Dich für Deine unbegrenzte und milde Barmherzigkeit gegen uns Sünder.

Besonders aber bete ich Dich an, göttlicher Paraklet, dass Du mich in Deinem unendlichen Mitleiden in dieser Kirche, das Werk Deiner übernatürlichen Allmacht, aufgenommen hast. Ich hatte kein Recht, eine so wunderbare Gnade, die über alle Güter der Welt geht, zu verlangen. Es gab viele Menschen, die von Natur besser waren als ich, die mit angenehmeren natürlichen Gaben ausgestattet und weniger mit Sünden befleckt waren, und dennoch hast Du mich in Deiner unerforschlichen Liebe auserwählt und mich in Deinen Schafstall eingeführt. Alles tust Du mit Grund, und ich weiß, dass auch in meiner Berufung ein unendlich weiser Ratschluss enthalten ist, wenn ich nach Menschenweise reden darf; aber ich weiß auch, dass dieser Grund *nicht in mir* liegt. Ich habe kein Verdienst aufzuweisen, aber desto mehr

Missverdienst. Ich habe alles getan, um Deine Pläne zu durchkreuzen und verdanke darum alles nur Deiner Gnade. Ohne Deine unbegreifliche Liebe zu mir hätte ich in Sünde und Dunkel weitergelebt und wäre dahingegangen als Verlorener, ich wäre schlechter und schlechter geworden, vielleicht bei der Gottesleugnung oder beim Gotteshass angelangt und schließlich dem ewigen Feuer der Hölle verfallen. Nur Du, mein Gott, meine siegreiche Liebe, hast mich davor bewahrt. Gab es je eine gottlosere Jugend als ein Teil der meinigen? Habe ich Dir nicht getrotzt in einer Weise, dass ich die schlimmsten Fesseln der Sünde und des Lasters mir zuziehen musste? Wie sehr habe ich gekämpft, um mich Deiner Umarmung zu entziehen! Aber Du warst stärker und weiser als ich und hast mich besiegt. Kein Wort bleibt mir mehr übrig, als in Demut und Anbetung vor den Tiefen Deiner Liebe und Erbarmung in den Staub zu sinken.

Schließlich hat Deine Gnade mich doch langsam, aber sicher in Deine Kirche geführt. Verleihe mir nun noch die Gnade, diese Berufung ganz zu nützen und zu meinem Heil zu wenden! Leite und ziehe mich beständig zu den Quellgründen Deiner unendlichen Barmherzigkeit mit lebhaftem, glühendem, von Anbetung erfülltem Geiste! Senke eine wahre Liebe zu Deinen Sakramenten und Zeremonien tief in meine Seele ein! Lehre mich wie eine Perle von unschätzbarem Werke die Verzeihung, die Du mir immer wieder gewährst, und Deine erhabene Gegenwart auf dem Altare richtig würdigen! Ohne Dich kann ich nichts tun, und Du wartest meiner in Deiner Kirche und ihren heiligen Sakramenten. Lass mich immer in ihnen meine Stütze finden, bis sie in der Glorie des ewigen Lebens ihre unsagbare Erfüllung finden!

3. Der Paraklet, das Leben der Seele

Ich bete Dich in tiefster Demut an, Herr, dass Du die Last der Sünder auf Dich genommen hast, die Dir nicht nur keinen Nutzen bringen, sondern Dich beständig entweihen und beleidigen. Du hast das Opfer Deines Dieners angenommen für diejenigen, die es nicht verlangt hatten und seiner nicht wert waren. Ich bete Dich an in dieser unbegreiflichen Herablassung, dass Du so große Sorge um mich geübt hast. Ich weiß und fühle, Du hättest mich meinen eigenen Weg gehen lassen können, wie ich wollte, Du hättest mir mein Recht auf die Hölle, das ich begehrte, geben und mich mir selbst überlassen können. Du hättest mich in der Feindschaft mit Dir und, was dasselbe ist, im geistigen Tode verharren lassen können. Ich wäre dann schließlich den zweiten ewigen Tod gestorben und hätte das mir allein zu verdanken. Aber Du, ewiger Vater, warst besser gegen mich als ich selber. Du hast mir Deine Gnade gegeben und über mich ausgegossen, und nur dadurch lebe ich.

Ewiger Paraklet, ich bete Dich an, weil Du das Licht und Leben meiner Seele bist. Du hättest Dich damit begnügen können, mir äußere Anregungen, Gaben und Hilfe zu senden. So hättest Du mich ins Leben führen und durch Deine innere Kraft bloß zu reinigen brauchen, wenn ich diese Welt verließ und durch das dunkle Tor in die andere Welt einging. Aber in Deiner unendlichen Liebe bist Du von Anbeginn in meine Seele eingegangen, hast von ihr Besitz genommen und sie zu Deinem Tempel gemacht. Du wohnst in geheimnisvoller Weise in mir durch Deine Gnade und vereinigst mich mit Dir und allen Engeln und Heiligen zu einer wunderbaren Gemeinschaft. Ja, Du bist nicht nur, wie manche meinen, durch Deine bloße Gnade in mir, sondern auch mit Deiner ewigen Wesenheit, sodass ich trotz Verlust meiner Persönlichkeit gewissermaßen hienieden schon von Dir absorbiert werde. Und nicht nur Besitz genommen hast Du von meinem Leibe, von dieser elenden, irdischen Hütte, er ist sogar Dein Tempel geworden. O wunderbare, erschreckende Wahrheit! Ich glaube und bekenne sie, o mein Gott, wenn ich sie auch nicht verstehe.

Kann ich sündigen, wenn Du so innig mit mir vereinigt bist? Kann ich vergessen, wer mit mir und in mir ist? Kann ich den erhabenen Gast meiner Seele durch die Sünde, das Einzige, was er nicht selbst ist und was er darum unendlich hassen und verabscheuen muss, vertreiben? Das wäre eine Sünde wider den Heiligen

Geist. Ich meine, eine doppelte Sicherung gegen diese Sünde liegt in mir; zunächst die Furcht vor einer solchen Entweihung und Verunehrung dessen, was Du in Deiner wahrhaften Gegenwart für mich bist; und ferner das Vertrauen, dass das Bewusstsein Deiner Gegenwart mich vor der Sünde bewahren wird. Wenn ich sündige, o Gott, ziehst Du Dich zurück und ich bin meinem armen Selbst überlassen. Gott wollte das verhüten! Ich werde vielmehr alles, was Du mir gegeben hast, benützen, Dich anzurufen, wenn Versuchungen und Prüfungen über mich kommen. Vor Trägheit und Lauheit, in die ich so leicht verfalle, will ich mich hüten. Mit Deiner Gnade werde ich Dich nie verlassen.

4. Der Paraklet, die Quelle der Liebe

Ich bete Dich, die dritte Person der Gottheit, an als die wesenhafte Liebe. Du bist die lebendige Liebe des Vaters und des Sohnes und der Urheber aller übernatürlichen Liebe in unseren Herzen: „Fons vivus, ignis, caritas, Lebendiger Quell, Feuer, Liebe." Du bist in der Gestalt des Feuers am Pfingsttage herabgekommen und bleibst stets Feuer, um die Schlacken der Sündhaftigkeit aus unseren Herzen auszuschmelzen und die reine Flamme der Anbetung und hingebenden Liebe in uns zu entzünden. Du vereinigst den Himmel mit der Erde, indem Du uns die Glorie und Schönheit der göttlichen Natur zeigst und unseren Anteil auf ewig lieben lehrst. Ich bete Dich an, Du ewiges, unerschaffenes Feuer, durch das die Seelen leben und in dem sie allein für den Himmel würdig werden.

Göttlicher Paraklet, ich erkenne in Dir den Urheber der übernatürlichen Liebe, durch die wir allein gerettet werden. Der Mensch ist von Natur blind und harten Herzens gegenüber allen geistigen Dingen. Wie könnte er aus sich den Himmel erwerben? Nur durch das Feuer Deiner Gnade, die ihn völlig erneuert, wird er fähig zur Freude an dem, woran er ohne Dich keinen Gefallen hätte. Du, der allmächtige Paraklet, die Schöpferkraft selber, bist die Stärke und Ausdauer der Märtyrer in unsagbaren Schmerzen. Du bist die Stütze und Hilfe Deiner Bekenner in den langen, eintönigen und niedrigen Werken eines verborgenen Lebens. Du bist das Feuer, mit dem die Prediger die Seelen gewinnen und die Missionare in ihren Arbeiten sich selbst vergessen. Durch Dich wachen wir auf vom Tode der Sünde, um den Knechtsdienst der Schöpfung mit der reinen Liebe des Schöpfers zu vertauschen. Von Dir kommen unsere Akte des Glaubens, der Hoffnung, der Liebe und der Reue. Durch Dich leben wir gefahrlos in dem Pesthauch dieser Erde. Durch Dich können wir uns dem heiligen Dienste widmen und unsere furchtbar erhabenen Verrichtungen erfüllen. Durch das Feuer, das Du in unserer Seele entzündet hast, beten, betrachten, büßen wir. Wenn Du uns verlässest, können wir ebenso wenig leben wie die Leiber, wenn das Licht der Sonne ausgelöscht ist.

Heiliger Herr, Gott Sabaoth, alles Gute in mir stammt nur von Dir. Ohne Dich würde ich von Jahr zu Jahr schlechter und schließlich zu einem bösen Dämon. Wenn ich mich überhaupt von der Welt unterscheide, so ist es nur, weil Du mich aus der Welt aussonderst und die Gottesliebe in mein Herz gesenkt hast. Wenn ich von den Heiligen noch so verschieden bin, so kommt das daher, dass ich nicht inständig und beharrlich genug um Deine Gnade in allen Lebenslagen bitte, und diejenigen, die Du mir verliehen, nicht hinreichend benützt habe. Vermehre in mir die Gnade der Liebe, trotz meiner Unwürdigkeit! Sie ist kostbarer als die ganze Welt, und ich schätze sie höher als alles, was die Welt mir bieten kann. Schenke sie mir, o Gott, denn sie ist mein Leben!

XV. Das heilige Opfer

1. Die heilige Messe

Ich bete Dich, o mein Herr, in tiefster Demut an für Dein Kreuz und Leiden, das Du in der heiligen Messe für uns Sünder erneuerst. Deine unschuldige Seele litt unbegreifliche Schmerzen. Dein makelloser Leib war der grausamsten Schande und dem schmerzlichsten Leiden ausgesetzt. Du wurdest entkleidet, grausam gegeißelt, Deine göttlichen Glieder zitterten unter den Schlägen wie die Bäume im Windstoß. So zugerichtet, wurdest Du nackt ans Kreuz gehängt als Schauspiel, damit alle Dich mit dem Tode ringen und sterben sehen sollten. Warum das alles, ewiger Gott? Welch unbegreifliche Tiefen liegen in diesem Schicksal? Du konntest uns ohne Leiden durch Dein bloßes Wort erlösen, aber Du hast uns um den Preis Deines Blutes loskaufen wollen. Ich betrachte Dich darum, Du geschlachtetes Opferlamm, und bekenne, dass Dein Tod das Lösegeld für die Sünden der ganzen Welt gewesen ist. Ich glaube und bekenne, dass Du allein eine vollwertige Genugtuung leisten konntest, weil Deine göttliche Natur den Leiden ihren unendlichen Wert verliehen hat. Anstatt mich zugrunde gehen zu lassen, wie ich es verdiente, hast Du am Kreuze erhöht werden wollen und bist selbst in den Tod gegangen.

Ein solches Opfer durfte nicht vergessen werden. Es sollte und konnte nicht ein vorübergehendes Ereignis der Weltgeschichte sein, eine einmalige Handlung, die von der Zeit verschlungen wird und unerkannt von den Menschen nur in den Wirkungen weiterlebt. Dies Opfer war so groß, dass es die Zeiten überdauern und in einer lebendigen Gegenwart stets fortbestehen sollte. Unsere einfache Überlegung sagt uns das schon. Obwohl Du in Deine himmlische Glorie eingegangen bist, erneuerst Du dennoch Dein furchtbares Kreuzesopfer bis zum Ende der Tage. Das ist nicht nur ein Glaubenssatz, den wir gern und freudig annehmen, weil er uns die zarte Liebe unseres Herrn und Heilandes verkündigt, sondern er findet auch die Zustimmung und Sympathie unserer Vernunft. Wenn wir auch eine so wunderbare Lehre aus uns nicht zu finden gewagt hätten, so erkennen wir doch darin die gleichen Vollkommenheiten, die Dich zum Leiden getrieben haben, und beten diese neue Offenbarung Deiner Vollkommenheit in tiefster Demut an. Obwohl Du, Herr, diese Welt verlassen hast, wirst Du dennoch jeden Tag in der heiligen Messe unblutigerweise neu geopfert, und obwohl Du weder Leiden noch Schmerzen erdulden kannst, setztest Du Dich dennoch den Beleidigungen, die das Kreuzesopfer verursacht haben, immer wieder von Neuem aus, um in dieser überfließenden Fülle uns Deine Erbarmung gegen die Menschen zu beweisen. Täglich verdemütigst Du Dich; denn trotz Deiner Allmacht konntest Du der Sünden, wenn Du den Menschen die Freiheit nicht nehmen wolltest, kein Ende bereiten und darum auch Deiner Verdemütigung kein Ziel setzen. So bleibst Du der Opferpriester auf ewig.

Ich bringe mich Dir, o Gott, als Gegenopfer dar. Du bist für mich gestorben, und nun will ich mich auch Dir ganz hingeben. Ich gehöre nicht mir. Du hast mich losgekauft und ich will nunmehr diesen Kauf durch eigene Tat vollenden. Ich will von der ganzen Welt und allem, was darin ist, innerlich getrennt werden, mich von der Sünde reinigen; auch was an sich unschuldig ist, will ich mir versagen, wenn es nicht für Dich ist. Ich verzichte auf Ruhm und Ehre, Einfluss und Macht, denn mein Lob und meine Kraft soll nur in Dir sein. Lass mich nun auch meine Vorsätze wahr machen!

2. Die heilige Kommunion

In wem, o Gott, kannst Du Deine Wohnung nehmen? Nur in ganz reinen und heiligen Seelen. Die Sünder können zwar zu Dir kommen; Du aber auch zu Ihnen? Du bist der Heilige selbst, die Heiligkeit aller Heiligen. Als Du auf die Erde kamst, hast Du Dir im reinsten Schoße der allerseligsten Jungfrau eine heilige Wohnung bereitet, einen besonderen Tempel gebaut, den Du Dir vorher mit allen Gaben und Gnaden ausgestattet hast. Und diese makellose Jungfrau lebte, ohne von einem Hauch der Sünde befleckt zu werden, wachsend in Verdienst und Gnade, bis zu dem Zeitpunkte, als Du Deinen Erzengel sandtest, um ihr die göttliche Mutterschaft zu verkünden. So heilig muss die Wohnung des Allerhöchsten sein. Ich lobe und benedeie Dich, Herr, wegen Deiner unendlichen Heiligkeit.

Deine Majestät ist Heiligkeit, und dennoch willst Du Wohnung auch bei *mir* nehmen! Du willst unter irdischen Gestalten mit demselben Fleisch und Blut zu mir kommen, die Du aus Maria, der Jungfrau, genommen hast! Du kommst zu *mir*, o mein Gott, und schaust mich an, obwohl ich mich selber nicht ansehen darf! Bin ich ein so guter, unparteiischer und gerechter Richter gegen mich, dass ich mich in meiner ganzen Wahrheit und menschlichen Armseligkeit erkennen kann? Du aber bist dieser Richter und siehst das alles und kommst dennoch zu mir? Du allein weißt, Herr, wie wahr es ist, wenn ich die Worte spreche: „O Herr, ich bin nicht würdig, dass Du eingehst unter mein Dach." Du weißt, wie sehr ein so großer Sünder unwürdig ist, den dreimalheiligen Gott, den die Seraphim zitternd verehren, zu empfangen. Du siehst nicht nur die Flecken und Wundmale der vergangenen Sünden, sondern auch die tiefen Narben und Verstümmelungen, die in meiner Seele zurückgeblieben sind. Du siehst die zahllosen lebendigen Sünden in mir, die, auch wenn sie nicht tödlich sind, dennoch mit ihrer Gewalt, ihrer Schuld und ihren Strafen in mir wirken und mich wie mit einem scheußlichen Gewand umkleiden. Du kennst all meine schlimmen Gewohnheiten, meine ungenügenden Grundsätze, meine zerstreuten, schweifenden Gedanken, die Unzahl meiner Schwächen und Armseligkeiten – und dennoch kommst Du! Du siehst schon jetzt, wie wenig ich meine Versprechungen halte – und dennoch kommst Du! O mein Gott, wie müsste ich vor dem erschreckenden Glanz und dem verzehrenden Feuer Deiner erhabenen Majestät vergehen? Aber mach Du mich fähig, Deine Gegenwart zu ertragen, damit ich nicht wie Petrus zu Dir sprechen muss: „Herr, geh von mir, denn ich bin ein sündiger Mensch."

Du allein kannst mir die Kraft verleihen, Deine Gegenwart zu ertragen. Reinige mein Herz und meine Seele von allem, was vergangen ist, lösche alle Erinnerung an das Böse aus, befreie meine Seele von aller Schwäche, Krankheit, Reizbarkeit und Trägheit!Gib mir einen wahren Begriff von den unsichtbaren Dingen, mach, dass ich Dich wahrhaft, durch die Tat und in allen Einzelheiten des Lebens, höher schätze als alle Dinge der Erde und dass ich die kommende Welt der gegenwärtigen vorziehen lerne. Gib mir Mut und auch den richtigen Instinkt, Recht und Unrecht zu unterscheiden, in allen Dingen demütig zu sein und Dich mit einer zarten sehnsuchtsvollen Liebe zu erstreben!

3. Die Speisung der Seele

„Meine Seele dürstet nach Dir."

In Dir, o Herr, lebt die ganze Kreatur, und Du gibst ihnen Speise zur rechten Zeit. „Aller Augen warten auf Dich, o Herr." Den Tieren des Feldes gibt Du Speise und Trank. Tag für Tag erhalten sie von Dir ihr Dasein, und wenn Du Deine Hilfe zurückzögest, würden sie in Nichts versinken. Die Natur bezeugt diese Wahrheit durch das angstvolle, klagende Irren nach dem, was ihnen mangelt. Uns aber, Deine Kinder, erhältst Du mit einer ganz anderen Speise. Du weißt, dass nichts uns befriedigen kann als Du selbst, und darum hast Du in eigener Person uns Speise und Trank werden wollen. O anbetungswürdiges Geheimnis! O wunderbarste aller Erbarmungen! Du, der glorreiche, schöne, starke und süße Gott, wusstest, dass nichts anderes unsere armen Herzen und unsterblichen Seelen erhalten konnte, und hast darum menschliches Fleisch und Blut angenommen, damit dieses unser Leben werden konnte, obwohl es Fleisch und Blut eines Gottes ist.

Welch furchtbarer Gedanke! Du behandelst die

Menschen verschieden, aber für mich ist Dein Fleisch und Blut, der Gottesleib, das einzige Leben; ohne ihn würde ich zugrunde gehen – und wird es nicht vielleicht doch auch mit ihm und durch ihn geschehen? Wann werde ich mich zu der Höhe erheben können, dass ich nur mehr von Gott lebe? Ich bin voll Angst und Sorge, ob ich vorwärts- oder zurückgehe. Schreite ich wirklich voran, um mich mit Dir zu vereinigen? Wenn ich meinen Mund öffne, um Dich zu empfangen, habe ich Furcht und Schrecken; aber was soll ich anders tun? Zu wem anders soll ich gehen? Wer kann mich retten, wenn Du es nicht tust, wer mich reinigen außer Du allein? Nur Du kannst mir die Kraft der Selbstbeherrschung geben, nur Du meinen Leib aus dem Grabe erwecken. Darum komme ich auch in allen Nöten des Lebens zu Dir; ich komme zwar mit großer Furcht, aber auch mit tiefem Glauben.

Gott, Du bist mein Leben, ohne das ich verdürste. Die verdammten Geister in der Hölle verzehren sich vor Durst, weil sie Dich verloren haben. Ihr ganzes Wesen verlangt nach Stillung ihrer Sehnsucht, und so verdürsten sie eine Ewigkeit lang nach der Quelle ihres Lebens. Ich aber möchte von einem anderen Durste nach Dir erfasst werden; ich möchte eine neue Natur erhalten, die mit ebensoviel Sehnsucht nach Dir verlangt, wie sie Furcht vor Deinem Verluste haben muss. Ich komme zu Dir, Herr, nicht nur weil ich ohne Dich unglücklich bin oder weil ich Dich nötig habe, sondern auch weil Deine Gnade mich antreibt, Deine Liebe um ihrer selbst willen, Deine Glorie und Schönheit in sich selbst zu suchen. Ich komme mit großer Furcht, aber mit noch größerer Liebe. Wie sollte ich jemals diese Liebe verlieren! Mögen die Jahre vergehen und das Herz alt werden, mögen die Dinge dieser Erde eine bloße Last werden, lass mich nie diese junge, schöne, glühende Liebe zu Dir verlieren! Möge Deine Gnade die Schwäche meiner Natur ergänzen! Hilf mir umso mehr, je unvermögender ich bin! Je mehr mein Herz sich Dir verschließen will, desto vollkommener und augenfälliger seien Deine übernatürlichen Heimsuchungen, desto drängender und wirksamer sei Deine Gegenwart in mir.

XVI. Das heiligste Herz

O heiligstes Herz Jesu, ich bete Dich an in der Vereinigung mit der zweiten Person der Gottheit. Alles, was zur Person Jesu gehörte, gehörte auch ihm als Gott und muss darum in derselben Weise verehrt und angebetet werden, wie Jesus selbst. Er nahm die menschliche Natur nicht an wie etwas, das von ihm verschieden war und getrennt werden konnte, sondern einfachhin und absolut als seine Natur, sodass sie auf ewig in der Idee des Gottessohnes für uns eingeschlossen ist. Ich bete Dich an, Herz meines Jesus, wie Jesus selbst, wie das ewige Wort in der menschlichen Natur, die es ganz mit sich vereinigt hat und in der es für immer auch in Dir lebt. Du bist das Herz des Allerhöchsten in menschlicher Gestalt. In Dir bete ich den fleischgewordenen Immanuel an. Ich verehre Dich in Deinem Seelenleiden zu Gethsemane, in der Todesangst, als Dein Blut aus allen Poren drang und zur Erde floss. Du bist erschöpft worden, bis dass Du am Kreuze fast ausgetrocknet wurdest; nach dem Tode öffnete man Dich mit einer Lanze, um uns die letzten Reste des unaussprechlichen Schatzes Deiner Erlösung zufließen zu lassen.

O mein Herr und Erlöser, ich bete Dein heiligstes Herz an als den Sitz und die Quelle aller zarten Empfindungen und liebreichen Taten für uns Sünder. Es ist das Werkzeug und Organ Deiner Liebe. Es hat geschlagen für uns und in Sehnsucht nach unserer Liebe sich verzehrt. Es hat schmerzlich für uns und unser Heil gelitten. Ein heiliger Eifer entflammte es, dass die Ehre Gottes in uns und durch uns offenbar werde. Es ist der Kanal, durch den Deine überreichen menschlichen Empfindungen uns zugeflossen sind und Deine göttliche Liebe unaufhörlich uns heimsucht. Dein ganzes unbegreifliches Mitleiden mit uns als Gott und als Mensch, als Schöpfer, Erlöser und Richter wird uns stets durch Dein heiligstes Herz in ungeahnter Tiefe und Fülle zuteil. O heiliges Symbol und Sakrament der gottmenschlichen Liebe, Du hast mich durch Deine göttliche Kraft und Dein menschliches Mitgefühl gerettet und Dein wunderbares Blut über mich ergossen.

Heiligstes und liebevollstes Herz Jesu, verborgen in der heiligen Eucharistie, Du schlägst in dieser Verbannung Tag für Tag sehnsuchtsvoll für uns Menschen. Wie beim letzten Abendmahle sprichst Du auch jetzt: „Desiderio desideravi; Ich habe großes Verlangen gehabt, dieses Abendmahl mit euch zu essen." Ich bete Dich darum an mit meiner ganzen Liebe und Verehrung, mit der ganzen Glut meiner Empfindungen, deren ich fähig bin, und vor allem mit einem entschlossenen Willen absoluter Unterwürfigkeit und Hingabe. Lass mein Herz mit Deinem Herzen schlagen, wenn Du herabsteigst in der heiligen Messe, um für uns zu leiden und uns zur Speise zu werden, wenn ich Dich esse und trinke und für einige Zeit Dir zur unwürdigen Wohnung werde! Reinige es von allem Irdischen, von allem, was zornmütig, empfindlich, hart, grausam, sinnlich ist, von allem Verkehrten, Unordentlichen, von aller Trägheit und Lauheit! Erfülle es so ganz mit Dir selber, dass keine Tagesereignisse, keine üblen Erfahrungen es zu trüben oder zu verwirren vermögen! Nur lass es in Deiner Furcht und Liebe den Frieden finden!

XVII. Die unendliche Vollkommenheit Gottes

„Aus Ihm, durch Ihn und in Ihm ist alles."

1. Aus Ihm. Ich bete Dich an, o mein Gott, als den Ursprung und die Quelle alles Seienden in der Welt. Einst existierte nichts außer Dir, Du allein warst von Anbeginn und erfülltest die ganze Ewigkeit. Du lebtest nur durch Dich selber in der Füller Deiner Vollkommenheiten. In Dir selbst warst Du ein Universum, die unendliche Fülle alles Wunderbaren, Großen, Heiligen und Schönen, und alle Deine unendlichen Eigenschaften waren eine einfache Einheit. Du warst eine unendliche Einheit in unendlicher Vielheit. O Gott, dieser Gedanke allein übersteigt alle geschaffene Natur, umso mehr meinen Verstand. Ich kann nicht daran reichen, sondern nur die Worte aussprechen und glauben, ohne zu verstehen. Aber glauben kann ich und Dich anbeten, großer, guter Gott, als die einzige Quelle aller Vollkommenheit. Mit Deiner Gnade will ich es nun und immerdar tun.

2. Durch Ihn. Alle anderen Wesen leben seit ihrer Erschaffung nur durch Dich; durch Deinen ewigen Ratschluss und Deine Schöpferkraft sind sie ins Dasein getreten. Sie kommen alle nur aus Deiner Hand. Von Ewigkeit her hast Du in dem Ozean Deiner

Glückseligkeit jedem die Stunde seines Erscheinens bestimmt. Jede, auch die kleinste Substanz ist Dein Werk und entspricht Deinen Plänen. Vor allem jede Seele existiert nur durch Deinen besonderen Schöpferakt und auf Dein besonderes Geheiß. Von Ewigkeit her siehst Du jede Einzelkreatur in ihrer Besonderheit und ihrem Verhältnis zur Gesamtheit. Auch mich hast Du von Ewigkeit her gesehen. Du siehst deutlich, ob ich verloren gehe oder gerettet werde, ob die Geschichte meines Lebens im Himmel oder in der Hölle ihren Fortgang nimmt. O furchtbarer Gedanke! Mein Gott, gib mir die Kraft, ihn zu ertragen; die Idee dessen, was Du bist, bringt mich ganz in Verwirrung. Führe Du mich zu meinem ewigen Heile!

3. In Ihm. Ich weiß und glaube, dass alles in Dir lebt! Jedes Lebewesen, jeder Vorzug, jede Freude und jedes Glück in der gesamten Schöpfung ist in seinem Sein und Wesen ganz Dein. Indem die Dinge in das unendliche Meer Deiner Vollkommenheiten eintauchen, erhalten sie ihr Gutes. Jede Schönheit, jede Erhabenheit in der sichtbaren Welt ist nur ein Widerschein oder ein Schatten von Dir, nur ein Werk und eine Offenbarung Deiner Eigenschaften in geschöpflichen Formen. Alles, was in einem Talent oder Genie bewundernswert ist, ist nur ein schwacher Reflex Deines ewigen Geistes. Was wir tun, geschieht nicht nur mit Deiner Hilfe, sondern auch in der Nachahmung Deines göttlichen Urbildes.

O mein Gott, werde ich Dich eines Tages schauen? O Schauspiel, das mich erzittern macht! Soll ich die Quelle der Gnade, die mich erleuchtet, stärkt und tröstet, wirklich sehen? Da ich von Dir bin und durch Dich hin und nur in Dir lebe, so lass mich, guter Gott, auch zu Dir zurückkehren, um ewig bei Dir zu sein!

XVIII. Gottes Allwissenheit

„Alles ist klar und offen vor seinen Augen, jede Kreatur steht sichtbar vor seinem Antlitz."

Ich bete Dich an als den allsehenden Gott. Dein Wissen ist von ganz anderer und höherer Art als das der Geschöpfe. Wir erkennen durch die Sinne und den Verstand und nur wenig auf andere Weise. Deine Kenntnis aber ist nicht nur nach ihrer Ausdehnung, sondern auch nach ihrer Natur und ihren Eigenschaften ganz anders. Das Wissen der Engel ist im Vergleich zu Deiner Wissenschaft nur Unwissenheit. Die menschliche Seele, die Du bei der Menschwerdung angenommen hast, war bei der Erschaffung erfüllt mit aller Erkenntnis, welche die menschliche Natur zu fassen vermochte; aber das war nur ein Tropfen im Vergleich zu dem Weltmeer Deines allleuchtenden Verstandes und Wissens.

Konnte es anders sein? Von Ewigkeit her warst Du aus Dir selber, und Deine Seligkeit bestand in Deiner betrachtenden Selbsterkenntnis und Selbstliebe, in dem persönlichen Verhältnis zwischen Vater, Sohn und Heiliger Geist, das Unendliche unendlich erfassend. Und indem Du so Deine unendliche Wesenheit vollkommen erkanntest, erkanntest Du auch alles, was in ihr und durch sie ist, das ganze Universum in seiner unbegrenzten Endlichkeit, Vielgestaltigkeit, Schönheit und Majestät. Alles das ist endlich und begrenzt; Du aber bist der unendliche Gott, und in Deiner Selbst-erkenntnis erkennst Du das ganze Universum in seiner Weite, Tiefe, Vielgestaltigkeit und unfassbaren Fülle.

Großer Gott, alles das siehst Du gegenwärtig in Dir selber, weil es Dein Werk ist; jeder, auch der geringste Teil ist in sich selbst und in seinen Zusammenhängen klar vor Deinen Augen. Auch den Geist erkennst Du ebenso vollkommen wie die Materie. Alle Gedanken und Absichten jeder einzelnen Seele sind Dir so völlig bekannt, als wenn es nur eine Seele auf dem ganzen Erdenrunde gäbe. Du kennst mich durch und durch; meine Vergangenheit, Gegenwart und Zukunft steht als ein Ganzes vor Deinem Geiste. Du siehst die zartesten Regungen meiner Seele, die aufsteigen und verschwinden und nicht mehr sind. Jeden Akt des Leibes und der Seele verfolgst Du bis in seinen Ursprung und folgst seiner Entwicklung bis in die letzten Folgen. Du weißt auch, welches mein Ende sein wird; die Stunde steht lebendig vor Dir, wo ich vor Deinen Richterstuhl treten muss. Wie furchtbar ist der Gedanke, stets unter den Augen meines ewigen Richters zu sein!

Und dennoch könnte ich ohne ihn nicht leben, denn die Gewissheit, dass Du unaufhörlich in mein Herz siehst, ist mir die größte Stütze. Verleihe mir, Herr, immer mehr diesen blutigen Ernst des religiösen Lebens, nach dem ich mich stets gesehnt habe! Mache, dass ich Deinem Blick nicht auszuweichen brauche, indem ich mich jetzt schon mit ihm vertraut mache und mich ganz nach Deinem Wohlgefallen gestalte! Lehre mich Dich immer mehr lieben; dann werde ich in Frieden leben und keinerlei Furcht mehr vor Dir haben.

XIX. Gottes Vorsehung

Ich bete Dich an, o Gott, dass Du Deiner Schöpfung Ziele und Wege in ihrer Entwicklung gesteckt hast. Alles hast Du zu seinem besonderen Zwecke erschaffen und leitest es zu diesem hin. Der Zweck des Menschen ist, Dir seinen Dienst und seine Verehrung zu zollen und darin sein eigenes Heil zu finden, eine selige Ewigkeit des Leibes und der Seele in Deiner Gegenwart. Alles hast Du für den Menschen nach diesem Zwecke hin angeordnet.

Dein Blick und Deine Hand ruhen ebenso auf uns wie auf der materiellen Schöpfung: Jedes Lebewesen leitest und stützest Du in seiner ganzen Tätigkeit. Jedes Insekt und jeder Wurm lebt von Dir und Deiner Kraft, solange Du es ihm gesetzt hast. Jeder Sünder, jeder Heide, jeder Spötter und Gottesleugner lebt nur durch Dich, um Zeit zur Buße und Bekehrung zu haben. Du bist mildreich und zartfühlend für jedes Deiner Geschöpfe, als ob es das Einzige in der ganzen Welt wäre. Du schaust alle Dinge zugleich in ihrer Einzelheit und siehst ein jedes in diesem sterblichen Leben, hilfst jedem Einzelnen mit der ganzen Fülle Deiner göttlichen Eigenschaften, als ob Du wie eine Mutter über es wachtest und um seine Liebe dienen müsstest. O mein Gott, wie gern betrachte ich Dich und bete Dich an als den wunderbaren Werkmeister aller Dinge, allezeit und überall!

Alle Anordnungen Deiner Vorsehung entspringen Deiner reinsten Liebe. Wenn Du uns Leiden schickst, so geschieht es nur aus Liebe, denn die Übel dieser Welt sind zum Heil Deiner Kreaturen bestimmt oder die unvermeidlichen Folgen des Bösen. Und Du wendest das Böse zum Guten. Du prüfest die Menschen, um sie zur Reue und Umkehr zu führen, um ihre Tugend zu vermehren und sie in der Zukunft Dich, das höchste Gut, erlangen zu lassen. Nichts ist umsonst, sondern alles zu einem gnadenvollen Zwecke bestimmt. Auch in der Strafe und im Zorne erinnerst Du Dich Deiner Barmherzigkeit. Sogar dem unbußfertigen Sünder gegenüber, der Deine liebevolle Vorsehung und Gnade erschöpft hat, wird Deine Gerechtigkeit zur Erbarmung, indem Du andere vor der Berührung mit ihnen bewahrst oder ihnen Warnungen zuteilwerden lässest. Mit festem, unerschütterlichem Glauben bekenne ich, o Herr, die Weisheit und Güte der Vorsehung in den unerforschlichen Ratschlüssen und unbegreiflichen Schicksalen, die Du dem Einzelnen und den Völkern bereitest.

Mein ganzes Leben ist nur eine Kette von Erbarmungen und Wohltaten, die über einen Unwürdigen ausgegossen sind. Ich brauche eigentlich an Deine Vorsehung nicht zu glauben, denn ich habe lange Erfahrung, dass und wie Du mich leitest. Jahr für Jahr hast Du mich geführt und Gefahren von meinem Lebenswege ferngehalten, Du hast mich gestärkt, beseelt, geleitet und ertragen. Nun verlass mich nicht, da meine Kräfte abnehmen! Das wirst Du nicht, auf Dich habe ich mich stets gestützt. Du wirst mir trotz meiner Sünden die Treue halten und überreich bis zum Ende halten, wenn ich sie Dir nur halte. In Deinen Armen kann ich ruhen, in Deinem Schoß mein Haupt niederlegen. Gib und vermehre nur in mir diese ernste Gesinnung der Treue gegen Dich, das innige Band zwischen Dir und mir und das Unterpfand meines innersten Gewissens, dass Du mich, das elendeste Deiner Kinder, niemals verlassen wirst!

XX. Gott Alles in Allem

„Ein Gott und Vater aller, der da ist über alle und durch alles und in uns allen."

Gott, der allein die Himmel erfüllt, ist zugleich alles in allem. Ich bekenne diese Wahrheit und bete Dich an in diesem erhabenen und wunderbaren Geheimnis. Alle heiligen Geschöpfe sind, unbeschadet ihrer Individualität, gerade durch ihr Glück eingetaucht und versunken in der Fülle dessen, der da ist über alle und durch alles und in allem. Wenn ich einst mit Deiner Gnade in den Himmel komme, so werde ich nur Dich sehen, weil ich in Dir alles Erschaffene schaue und in dem Erschaffenen Dich selbst. Wie ich hier auf Erden nicht sehen kann ohne das Licht und die Dinge nur im Widerschein des Lichtes, in der Rückstrahlung sehe, so erleuchtet auch in der Ewigen Stadt die Herrlichkeit Gottes die Geister, und „diese Leuchte ist das Lamm". O mein Gott, ich bete Dich jetzt an aus all meinen Kräften (ich versuche es wenigstens mit all meinen Kräften), als das einzige und wahre Licht und als das Leben der Seele, das wir einst alle zu sehen und zu besitzen hoffen, wenn wir zu Dir in den Himmel kommen.

Ewiger, unbegreiflicher Gott, ich glaube und bekenne, dass Du unendlich größer, erhabener und reicher bist als das ganze Universum. Ich betrachte die Tiefe des

Weltraumes, in dem die Sterne ausgegossen sind; ich verstehe, wenn eine Brücke von einem Ende bis zum anderen führte, so brauchte ich Millionen von Jahren, um sie zu überschreiten. Ich betrachte den Reichtum, die Mannigfaltigkeit und tausendfache Zusammensetzung Deiner Werke, die Elemente, Prinzipien, Gesetze und Wirkungen, die sich zu ihrer Vollkommenheit verbinden. Ich bemühe mich, die Anzahl der Erkenntnisweisen, der Wissenschaften und Künste, die sich mit ihnen beschäftigen, mir zum Bewusstsein zu bringen. Ich brauchte Jahrhunderte und Jahrtausende, um alles, was diese Welt an Wissenswertem bietet, zu erfassen, wenn mein Verstand dazu befähigt wäre. Und wenn ich die alten Erkenntnisse alle bewältigt hätte, so würden sich neue ungeahnte Ausblicke und Aufgaben vor mir auftun, und die Schlussfolgerungen von heute wären nur Ausgangspunkte und Vorbedingungen für den Aufstieg von morgen; immer mehr würde ich die wunderbare Schönheit Deiner Werke erkennen. Und wenn ich nach Durchdringung der Körperwelt zur geistigen aufstiege, zu den Engeln und Heiligen, so würden wieder neue Welten und höhere, wunderbarere Erkenntnisweisen sich vor mir eröffnen. Und doch ist alles, was in der Fülle der Welten, in der Höhe und in der Tiefe existiert, nur ein Atom im Vergleich mit der Größe und Herrlichkeit, die Deine Heiligen staunend in Dir schauen. Das ist der Inhalt der Ewigkeit, eine immer neue, unerschöpfliche und unaussprechliche

Aufnahme der unendlichen Wahrheits- und Liebesfülle, ein Trinken der Unendlichkeit ohne Maß und Ziel und ein Aufgehen in Dir.

O mein Gott, Deine Selbsterkenntnis, die Erkenntnis dieser unbegreiflichen göttlichen Natur ist die Wonne Deiner ganzen Ewigkeit. Die Anschauung Deiner Selbst in dem wesensgleichen Sohne und Heiligen Geiste, in denen Du Dich selber als Drei-persönlichkeit und Einen Gott siehst, macht Deine unendliche Beseligung aus. Lass mich begreifen, dass auch meine Seligkeit nur in Dir, in der Erkenntnis und Liebe Deines göttlichen Wesens enthalten ist! Lass mich also endlich Dich schauen und teilhaben an Deiner Seligkeit! Bereite mich vor zu diesem Ziele und lass mich heißen Durst nach ihm empfinden!

XXI. Gott, die unmittelbare Vollkommenheit

Allmächtiger Gott, Du bist die unendliche Fülle aller Vollkommenheiten. Von Ewigkeit her bist Du der Zentralpunkt aller Eigenschaften, die wir kennen, und noch mehr derer, die über unser Begreifen hinausgehen.

Das ist ein einfacher Schluss meines Verstandes, wenn auch die Vorstellung mich erdrückt. Ich glaube aber fest und unerschütterlich an dieses dunkle Geheimnis, weil ich durch die eigene Erfahrung Deiner Wohltaten und Gnadenerweise klare Beweise Deines erschreckenden Daseins und Deiner Vollkommenheiten vor Augen habe und sie, über allen Zweifel erhaben, meinem Verstande gegenwärtig halte. Ich glaube es, weil ich so lange und intim mit dem Gedanken mich beschäftigt habe, weil er ein Teil meiner vernünftigen Natur geworden ist, weil mein Dasein auf dieser Idee wie auf einem Fundamente aufgebaut ist und ohne es zusammenbrechen müsste. Ich glaube es durch die innere Wahrnehmung meines Gewissens als eine mir unmittelbar gegenwärtige Tatsache; ich fühle es so deutlich, dass ich mein eigenes Dasein und meine Person leugnen müsste, wenn ich Dasein und Persönlichkeit Gottes in Abrede stellen wollte, ich verlöre jeden Grund; an meine eigene Existenz zu glauben. Ich glaube es auch, weil ich ohne Dich, mein Leben, nicht bestehen könnte und weil ich von Deiner Gemeinschaft ein Glück erwarte, das alle Begriffe übersteigt. Ich glaube es durch die Furcht, die ich empfände, wenn ich in dieser trostlosen Welt ohne Schutz und ohne Stütze allein wäre, und vor allem glaube ich es aus Liebe zu Dir, aus Freude an Deinem Ruhm und Deiner Größe, aus untilgbarer Sehnsucht nach Dir, dem einzigen gerechten Gute. Ich glaube es um Deiner selbst willen, weil ich gern an Dich denke und mich freue, dass

Du vollkommen schön und glorreich bist. Es gibt Einen Gott und keinen außer ihm.

Nach Deiner unendlichen Größe, Vollkommenheit und Einzigkeit soll man erwarten, dass Du den Ab-stand von Deinen Geschöpfen wahrtest und ihnen fern bliebest, fern in Deinem ewigen Bestand und Deiner völligen Erhabenheit, die allen geschöpflichen Schranken entgegengesetzt ist. Was konntest Du den Dingen von Deiner Natur mitgeben, die von der ihrigen so sehr verschieden ist? Was von Dir konnte für sie ein Gut sein oder Gutes wirken, es sei denn nur in rein äußerer Weise? – Wenn Du das Glück des Menschen sein konntest, dann könnte auch der Mensch durch sich selber oder durch eine seiner Gaben das Glück der Raubvögel oder der wilden Tiere, der Myriaden großer und kleiner Geschöpfe sein, die im Weltall unter ihm stehen. Denn der Mensch ist nicht so weit erhaben über die Tiere wie Du über ihn. Denn was ist ein Geschöpf vor Dir: ein Hauch, der verweht, ein Rauch, der in die Höhe steigt und verfliegt, ein armes Wesen, das kommt und geht und nicht weiß, wohin! Ist das nicht ein Widerspruch des Verstandes? Muss nicht von Vollkommenem auch Vollkommenes stammen? Wenn Deine Natur keinen zweiten Gott erschaffen konnte, konntest Du dann überhaupt erschaffen oder musstest Du nicht Wesen ins Dasein rufen, die Dir völlig unähnlich und darum in gewissem Sinne ihres Schöpfers unwürdig waren?

Welche Gemeinschaft besteht da noch zwischen

Dir und mir? Was bin ich im Vergleich zu Dir anders als ein Häufchen Elend, als ein Rohr, das vom Winde hin und her getrieben und schließlich geknickt wird oder verdorret? Ich bin Dein Werk und Du hast mich rein von Sünde erschaffen. Wie kannst Du mich mit Wohlgefallen betrachten, auch wenn ich noch im sündelosen Urzustande wäre? Wie kannst Du in mir ein Ebenbild Deiner Selbst, ein Bild des Schöpfers sehen? Wie ist das möglich, Herr? Aber Du hast es gesagt, dass Dein Werk gut und der Mensch nach Deinem Ebenbilde erschaffen sei. Gleichwohl bleibt der unendliche Abgrund zwischen Dir und mir, o mein Gott.

XXII. Der mitteilsame Gott

O Herr, Deine Vollkommenheit ist erhaben über alle Kreaturen, aber Deine Allmacht hat Dich bei der Schöpfung allen Wesen und besonders der Geisterwelt mitteilen wollen. Du bleibst stets ein und derselbe, aber eine Macht und eine Güte gehen beständig von Dir aus, die durch ihre innere Verbindung auch unsere Kraft und unser Gut sind. Ich verstehe nicht, wie das sein kann, und die Vernunft gibt mir keine Erklärung; aber die Natur bietet mir volle Anzeichen und der Glaube volle

Gewissheit dieses Mysteriums. Durch Dich überbrücken wir den Abgrund zwischen Dir und uns. Der lebendige Gott ist zugleich der lebendigmachende Gott. Du bist die Quelle und Mündung, Zentrum und Peripherie des Universums, Sitz und Mittelpunkt alles Guten. Die Spuren Deiner Glorie sind wie die vielfachen Strahlen Deiner Sonne ausgebreitet über die Natur, ohne Deine Vollkommenheiten zu vermindern oder Dein erhabenes, unnahbares Wesen zu verletzen. Ich verstehe nicht, wie das möglich ist, aber es ist so. Obwohl einzig und erhaben über alle Kreatur, bist Du dennoch ihre Fülle, sie bestehen in Dir und nehmen Teil an Dir und in Deiner Wahrung ihrer Besonderheit gehen sie ganz in Dir auf; und während unsere Natur in sich zerfällt und in Trümmer geht, leben wir von Deinem Hauch, und Deine Gnade macht uns fähig, Deine Gegenwart zu ertragen.

Mache mich Dir ähnlich, o mein Gott, trotz der Widerstände in meinem Innern! Du kannst sie beseitigen, wenn sie auch noch so groß sind. Lass den Blick Deiner Milde auf mir, dem Werke Deiner Hände, ruhen, „damit ich nicht in meiner Schwäche zugrunde gehe"! Befreie mich von meiner natürlichen Schwachheit, denn was mir so nötig ist, ist in mir auch möglich! Dafür hast Du vor aller Welt den überzeugenden Beweis erbracht, indem Du unsere geschaffene Natur angenommen und zu Dir erhoben hast. Verleihe mir diese wunderbare Gnade, die uns so offenkundig zugesichert und vermittelt worden ist! Erfülle an mir dasjenige, was Du in Jesus der menschlichen Natur gegeben hast! Lass mich teilnehmen an Deiner göttlichen Natur mit all ihrem Reichtum und ihren Eigenschaften, die im Sohne Mariens Mensch geworden sind! Gib mir dieses Leben, entsprechend meinen persönlichen Bedürfnissen, lehre mich das Leben der Engel und Heiligen führen und mache mich dazu fähig! Tilge in mir alle Trägheit, Reizbarkeit, Empfindlichkeit, alle Unfähigkeit und Unordnung, an denen meine Seele krankt, und erfülle mich dafür mit Deinem Gottesreichtum! Lass Deinen Odem über mich wehen, dass mein träges Gebein lebendig werde und in Kraft und Feuereifer erglühe! Indem ich darum bitte, erflehe ich alles, was ich brauche, und alles, was Du mir geben kannst. Denn der Feuereifer ist die Krone aller Gaben und Tugenden; er kann voll und ganz nur dort bestehen, wo sie alle vorhanden sind; er ist die Schönheit und Glorie, der Hüter und beständige Reiniger aller Tugenden. Indem ich um Eifer bitte, verlange ich wirksame Kraft, Beständigkeit und Ausdauer, Tilgung aller menschlichen Schwachheiten und den einfachen Wunsch, Dir zu gefallen; ich bitte damit um den Glauben, die Hoffnung und die Liebe in ihrer himmlischen Erfüllung. Indem ich Dich um Feuereifer bitte, wünsche ich befreit zu werden von aller Menschenfurcht und dem Verlangen nach Menschenlob, ich bitte um die Gabe des Gebetes, weil es so süß ist, um die rechte Erkenntnis der Pflicht, die nur aus einer feurigen Liebe entspringt; ich bitte damit zugleich um Heiligkeit, Frieden und Freude. Indem ich Dich um Eifer anflehe, erbitte ich auch den Glanz der Cherubim, das Feuer der Seraphim und die strahlende Herrlichkeit Deiner Heiligen; ich bitte damit um alles, dessen ich so sehr bedarf und das alle Gaben in sich schließt. Nichts wäre mir hart oder schwer, wenn ich den richtigen Seeleneifer hätte.

Indem ich um diesen Eifer bitte, erbitte ich zugleich Dich selbst und nichts als Dich, der sich ganz für uns hingegeben hat. Kehre darum wirklich und wesentlich ein in mein Herz, erfülle es mit Eifer und mit Dir selber! Du allein kannst die Seele des Menschen befriedigen und hast es versprochen. Du bist die lebendige Flamme und brennst unaufhörlich in Liebe zu den Menschen. Kehre ein in meine Seele und entflamme in mir Dein heiliges Feuer, dass ich Dir ähnlich werde!

XXIII. Gott, die einzige Stütze der Ewigkeit

O mein Gott, ich glaube und bekenne, dass Du die unendliche Fülle aller Vollkommenheiten bist und in diesem Überfluss die Seele allein befriedigen und beseligen kannst. Nichts Geschaffenes, Irdisches, das habe ich traurig genug erfahren, vermag uns auf die Dauer zu befriedigen; schließlich wird alles fade und hohl und überdrüssig. Wenn ich auch alles Glück besäße, das dieses Leben zu bieten vermag, so würde es mich schließlich dennoch ermüden, es würde eintönig und eitel werden, und wenn ich das ganze vorsündflutliche Leben mit allen Gütern dieser Erde ohne Dich zu führen gehabt hätte, so wäre ich dennoch unsagbar unglücklich gewesen, ich hätte schließlich den Verstand verloren und aus Überdruss vielleicht mir selbst das Leben genommen, wenn es zu lange gedauert hätte; ich hätte mich wie in einer einsamen Gefängniszelle gefühlt, eingeschlossen in mir selber, ohne Gefährten und ohne Freunde, wenn ich nicht mit Dir, mein Gott, verkehren konnte. Du allein, Unendlicher, bist ewig neu, der Erste und Letzte, der Alte der Tage.

Und weil Du ewig alt und ewig neu bist, bist Du auch die Speise der Ewigkeit. Ich muss ewig leben, nicht nur eine Zeit lang, und habe keinerlei Gewalt über seine Dauer; ich kann ihr kein Ziel setzen, auch wenn ich so gottlos wäre, es zu wünschen; und dieses Leben muss, ob lieb oder leid, ein bewusstes sein, im Besitze meines Verstandes und meiner Willenskraft. Ohne Dich aber wäre die Ewigkeit ein endloses Leid. Du allein kannst mich aufrechterhalten und die Speise meiner Seele sein. Du allein bist unerschöpflich, bietest mir immer neue Gegenstände und Seiten der Erkenntnis und Liebe dar. Nach Millionen von Jahren werde ich Dich so wenig erkannt haben, dass es scheint, ich hätte kaum in der Erkenntnis begonnen. Nach Millionen von Jahren werde ich in Dir dieselbe Süßigkeit und Frische, ja noch eine größere, finden und meine Freude und Seligkeit an Dir wird stets von Neuem beginnen. So werde ich die ganze Ewigkeit hindurch ein Kind bleiben und immer nur die Grundzüge Deiner göttlichen, unendlichen Natur zu erfassen vermögen. Denn Du allein bist der Sitz und Mittelpunkt alles Guten, das einzige Dauernde in dieser Welt der Schatten, der Himmel, in dem die seligen Geister auf ewig leben und sich freuen.

Darum will ich Dich, mein Gott, zu meinem Anteil erwählen. Schon aus rein menschlicher Klugheit muss ich mich von der Welt zu Dir wenden. Ich verlasse die Welt, um Dich zu besitzen. Ich verzichte auf das, was bloß Versprechungen gibt, um den zu erlangen, der alles erfüllt. Zu wem soll ich gehen, Herr? Ich wünsche Dich hier unten zu finden und mich mit Dir selbst zu nähren, o mein Jesus, der Du auferstanden und in den Himmel aufgefahren bist, aber dennoch unter Deinem Volke hier auf Erden wohnen willst. Ich erhebe meine Augen zu Dir, und erwarte das lebendige Brot, das vom Himmel herabgestiegen ist. Gib mir immer dieses Brot, tilge in mir das Leben, das doch bald vergeht, auch ohne dass Du es nicht zerstörst, und erfülle mich mit Deinem übernatürlichen Leben, das niemals sterben wird.

Schluss

Tägliches Gebet und das Licht der Wahrheit

O mein Gott, ich bekenne, dass Du das Dunkel meines Lebens erhellen kannst; ja Du allein kannst es. Wie sehr wünsche ich, dass dieses Dunkel erhellt werde! Ich weiß nicht, ob Du es willst; aber ich weiß, dass Du es kannst und dass ich es sehnlichst wünsche, und das ist Grund genug, dass ich darum bitte; denn Du hast es mir ja nicht verboten, um Erfüllung meiner seelischen Bedürfnisse zu bitten. Ich verspreche Dir deshalb mit Deiner Gnade, dass ich mit ganzer Seele umfassen werde, was ich schließlich als Wahrheit fühle, wenn ich überhaupt je zu dieser Sicherheit gelange. Mit Deiner Gnade will ich mich sorgfältig vor jedem Selbstbetrug hüten, der mich verleiten könnte, eher den Wünschen der Natur als dem Urteil der Vernunft zu folgen.

Bitte um einen guten Tod

O mein Herr und Erlöser, hilf mir in der letzten, schweren Stunde durch die starken Arme Deiner Sakramente und den belebenden Hauch Deiner Tröstungen! Lass die Worte der Lossprechung über mich ausgesprochen werden, lass mich Deinen Leib als Wegzehrung und Dein Blut als Bad der Reinigung empfangen; lass durch das heilige Öl mich salben und zeichnen als Dein Eigentum und schließlich durch eine vollkommene Reue und Liebe alle Makel der Sünde und ihre Strafen in mir tilgen. Möge Deine liebe Mutter Maria sich über mich neigen, mein heiliger Schutzengel Worte des Friedens mir zuflüstern und Deine glorreichen Heiligen mir zulächeln. Mit ihnen und durch sie will ich die Gabe der Beharrlichkeit erflehen und sterben, wie ich zu leben wünsche in Deinem Glauben, in Deiner Kirche, in Deinem Dienste und in Deiner Liebe. Amen!

Geschrieben im Angesichte des Todes
13. März 1864, 7 Uhr morgens.

Ich schreibe dies direkt im Angesichte des Todes und in seiner Erwartung. Niemand im Hause und draußen ahnt wohl etwas davon, vielleicht nur der Arzt. Nach dem gegenwärtigen Eindruck meines Körpers und Geistes scheint der Zustand nicht bedenklich, aber ich weiß nicht, wie lange der Vollbesitz meiner Kräfte dauern wird.

Ich sterbe im Glauben der einen, heiligen, katholischen und apostolischen Kirche. Ich vertraue, dass ich wohl vorbereitet mit den heiligen Sakramenten, die unser Herr Jesus Christus seiner Kirche anvertraut hat, und in der Gemeinschaft der Heiligen sterben werde, die er selbst bei seiner Himmelfahrt eröffnet und die kein Ende nehmen soll. Ich hoffe zu sterben in dieser Kirche, die der Herr auf Petrus gegründet und die bis zu seiner Wiederkunft dauern wird.

Meine Seele und meinen Leib empfehle ich der Heiligsten Dreifaltigkeit, den Gnaden und Verdiensten unseres Herrn Jesu Christi, des menschgewordenen Wortes, der Fürbitte und dem Mitleiden unserer lieben Mutter Maria, dem heiligen Joseph, dem heiligen Philipp Neri, meinem Vater, dem Vater eines so unwürdigen Sohnes, dem heiligen Evangelisten Johannes, dem Täufer, dem heiligen Heinrich, dem heiligen Athanasius, dem heiligen Gregor von Nazianz, dem heiligen Ambro-sius, dem heiligen Petrus, dem heiligen Papste Gregor I. und dem großen heiligen Apostel Paulus, schließlich auch meinem lieben heiligen Schutzengel, sowie allen Engeln und Heiligen des Himmels.

Ich bitte zu Gott, dass er uns alle im Himmel zusammen führe und zu den Füßen der Heiligen vereinigen möge. Gleich dem, der die verirrten Schäflein sucht, bis er sie findet, möchte ich aber auch bitten für die irrenden Brüder, dass sie mit der Gnade Gottes die Wahrheit und den Frieden finden.

J. H. N.
Geschrieben in Erwartung des Todes
23. Juli 1876 und ergänzt 13. Febr. 1881.

Ich wünsche von ganzem Herzen, in das Grab meines lieben P. Ambrose St. John beerdigt zu werden. Das ist mein letzter, ausdrücklicher Wille.

Wenn man meinem Grabe eine Inschrift, ähnlich den dreien, die schon dort Platz gefunden haben, geben will, so wünsche ich folgende, falls das Latein gut befunden und kein Einwand dagegen erhoben wird; sie soll jedoch nicht angebracht werden, wenn diejenigen, denen ich Ehrerbietung schuldig bin, irgendeine Andeutung auf den Skeptizismus darin finden sollten.

JOHANNES HENRICUS NEWMAN
Ex umbris et imaginibus
in veritatem
Die … A. S. 18 …
Requiescat in pace!

Meine einzige Schwierigkeit liegt in dem Text des heiligen Paulus Hebr 10,1, wo er umbra auf das Gesetz anwendet; aber wenn wir auch unter vielen Gesichtspunkten ein Bild der Wahrheit haben, so gibt es doch sicher sehr viel Dunkel darin, z. B. in der Lehre von der Heiligsten Dreifaltigkeit.